ハワイ読本

―日本人がハワイを好きな理由―

山口一美［編著］

創 成 社

はじめに

　日本において海外旅行の人気旅行先として，ハワイは常に上位にあげられている。たとえば，2023 年 1 月の JTB 総合研究所の「行動制限のない第 8 波における個人の意識と旅行」の調査では，「今後行きたい海外旅行先」として，ハワイが第一位である。その理由は，第一に「その場所が好きだから」，第二に「日本人が訪問しやすい国・地域だから」，第三に「自分が行き慣れている国・地域だから」があげられている。このように，ハワイは，私たち日本人が好きな海外旅行先であり，訪問しやすく，何度も行っている場所であることがわかる。実際にハワイ観光省のレポート（2019 年）でも，ハワイを訪問する日本人の総人数の約 70％がリピーターであるという数字を公表している。

　なぜ，これほどまでに日本人はハワイに魅かれるのであろうか。それは，上記にあげた選択理由から推測できる。つまり，日本とハワイが実は歴史的にも文化的にも深いつながりをもっていることが，日本人に親しみやすさや安心感をもたらし，訪問しやすい好きな場所と認識されているのではないか。加えて，ハワイの島々の豊かな自然やフラ，サーフィンなど日本人にも人気のあるダンスやスポーツをはじめとする多様な魅力をもっていることも，ハワイに魅了され何度も訪れる理由となっていると思われる。

　しかし，ハワイ関連の書籍には，ハワイの観光ガイド，ハワイの歴史や文化に触れた書籍は数多く存在するが，日本人がなぜハワイが好きなのか，その理由について焦点を当てた書籍はみあたらない。そこで，本書では，改めて日本人がハワイを好きな理由（ワケ）について考え，明らかにすることを目的としている。

　本書では，第 1 部で「日本とハワイの深いつながり」，第 2 部で「ハワイの多様な魅力」について明らかにすることを試みた。第 1 部では，日本とハワイの間には，深いつながりがあることを明らかにするために，歴史的側面から日本人移民と日系アメリカ人が果たした役割（第 1 章），日本とハワイの友好の時代（第 2 章）について触れている。その他のつながりの要素として，アロハシ

ャツ（第3章），サーフィン（第4章），フラ（第5章）を取り上げ，それぞれが
どのようにハワイと日本とのつながりを作ってきたのかについて明らかにして
いる。第2部では，日本人がハワイを好きな理由を創りだしているハワイの多
様な魅力として，自然環境（第6章），アロハ・スピリットと癒し（第7章），島
内の移動手段（第8章），ロングステイ（第9章），ハワイアン・パンケーキ（第
10章）を取り上げている。これらの各章を通して，ハワイがもつ多様な魅力が
なぜ日本人を魅了するのか，その理由について，記述を試みている。

　本書の著者たちは，現在ハワイに住み仕事をしている者やハワイで長年仕事
をしてきた者などをはじめとして，ハワイを何度も訪れ，関わりをもってきた
者たちである。つまり，ハワイをこよなく愛し，ハワイに魅せられた者たちに
よって書かれた書籍である。本書を執筆する作業は，著者一人ひとりにとって，
ハワイの人々，文化，歴史，自然についてさらに理解を深め，その魅力を再発
見することでもあった。また，ハワイの魅力については，取り上げることがで
きなかった数多くの事柄があることも記しておきたい。

　本書はハワイに関心をもっている人々だけでなく，これからハワイ留学を志
している人々，仕事でハワイに行くことになった人々にとっての入門書とし
て，活用していただきたい。本書を通して，日本とハワイとの深いつながりを
理解し，その多様な魅力を知った上で，ハワイにおける滞在をより有意義なも
のにして欲しいと考えている。そして，本書が日本とハワイとのより良い関係
の維持と発展に少しでも役立つことを祈ってやまない。

　最後に，本書の企画段階から公刊に至るまで，さまざまなご助言をいただい
た創成社の塚田尚寛氏，西田徹氏，落合優里氏に心より感謝申し上げる。

2023年9月

山口一美

（追記）2023年8月8日に発生した山火事は，マウイ島に多大な被害をもたら
し，多くの方々が亡くなり，被災されました。謹んでお悔やみ申し上げますと
ともに，一日も早い復興をお祈り申し上げます。

目　次

はじめに

ハワイ諸島地図

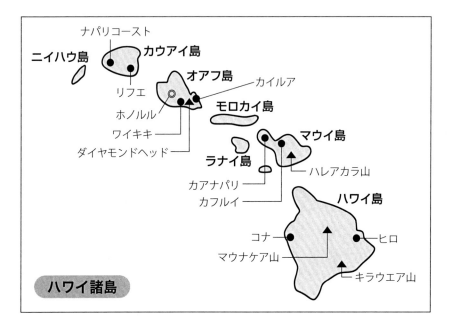

第1部

日本とハワイの深いつながり

第1章
ハワイにおける日本人移民と
日系アメリカ人が果たした役割

　ハワイはなぜ，日本からの海外旅行先として好まれるのか？　ウクレレの音色や，南の島の自然の豊かさと温暖な気候，各島それぞれの特徴ある景色もさることながら，来島者を迎えるハワイの人たちに温かさや，おおらかさを感じる。その中でも，日本からの旅行者にとっては，「アロハ・スピリット」を併せ持つ日系アメリカ人の存在が特に大きな要素になっているのであろう。そこで，第1章では，明治時代からハワイに移り住んだ日本人と，その子孫である日系人の存在理由と，その出自（ルーツ），日本との深いつながりを明らかにする。そのキーワードの一つは「砂糖」だ。

第1節　ハワイの日系アメリカ人

　日本との直行便が離着陸するハワイ州内2空港には日系人の名が付けられている。州都ホノルルの真珠湾に隣接する空港は，ダニエル・K・イノウエ国際空港（Daniel K. Inouye International Airport）。そして，黒い溶岩流の上に造られたハワイ島（ビッグ・アイランド）西部の空港の名は，エリソン・オニヅカ・コナ国際空港（Ellison Onizuka Kona International Airport）だ。着陸を知らせる機内放送を聞くだけでも日布（日本とハワイ）間の深いつながりに気付く。

　明治時代に始まった日本からハワイへの移民は，砂糖キビ畑の労働者として長年増え続け，定住化し，その子孫も増えていった。そして，彼らの社会生活の大きな節目となった1941年（昭和16年），真珠湾攻撃の時点では，ハワイ準州人口の約40％弱，16万人ほどが日本人と日系人[1]で占められていた。

第2節　日本人来島に至るまでのハワイ

1．ポリネシア人の来島

　ハワイ8島はすべて，「貿易風」（トレード・ウインド）が北東から吹く北緯20度付近に位置する火山島だ。貿易風は住民や旅行者に心地よさを感じさせ，島の緑を育むばかりでなく，風上にあたる島の北東側に多くの雨を降らせ清水が地下に溜まり，砂糖を生産するのに必要な多量の水の供給を可能にし，砂糖耕地の労働者として日本から多くの移民が渡ることになる，重要な背景でもある。

　「たくさんの島々」を意味するポリネシア（Polynesia）は，共通の文化や言語を持つ人たちが住む太平洋上の島々を指し，その北端はハワイ，東端はチリのイースター島，そして西端はマオリが住むニュージーランドまでの広大な海域にわたる。ハワイの島々に，アジアに起源があるとされるポリネシア人が初めて到達したのは（2023年現在の考古学では）紀元後1,000年前後で，その後数世紀にわたり，4千キロ以上離れたタヒチ周辺との双方向の往来が行われていたと考えられている。ポリネシア人は生活に欠かせない動植物を積んで双胴カヌーで太平洋を移動したことから，ハワイにはアジアやオセアニア起源の植物が多い。その中に，ハワイ語でコー（kō）と言う，ニューギニア原産の「砂糖キビ」（近藤，2019）があり，これが後にハワイの一大産業となり，海外からの労働移民を受け入れる最も大きな要素になっていく。

2．欧米人の来島

　タヒチ・ハワイ間の往来はやがて行われなくなり，移り住んだ人たちは遠距離の航海術を失い，数百年にわたり外界との接触を持たなかったと思われる。その島々に到達した初の西欧人は英国海軍のクック（James Cook）船長で，3回目の太平洋探検航海中，2隻の探検船でタヒチから北上し，1778年1月にハワイ諸島を見つけ，サンドイッチ諸島（Sandwich Islands）と名付けた（増田，

2004)。クックによるハワイ発見は欧米に伝わり，北米とアジアを結ぶ貿易船にとって真水や新鮮な食料が容易に手に入る恰好の経由地となった。そして，欧米で灯火や機械用潤滑油に鯨油を必要としていた 19 世紀，乱獲による大西洋での鯨の枯渇から，捕鯨船が太平洋に展開し，1819 年に 2 隻が寄港したことを皮切りに，ハワイは捕鯨船の補給と鯨油販売の中継基地として成り立っていった。

第3節　多くの移民を受け入れることになるハワイ

　なぜハワイには多くの日系人が住んでいるのか。海外からの移民受入れに至るハワイ側の状況を，その時代背景と共にまとめる。

1．ハワイが王国であった時代

　ハワイの祖とも称されるカメハメハ大王が 1795 年にハワイ王国（Kingdom of Hawai'i）を成立させた後，大王の息子，カメハメハ 2 世（在位 1819-24 年）の時代になると，ハワイは，太平洋を航海する貿易船の寄港地であると共に捕鯨基地として成り立ち始める。一方，外界から閉ざされていた島々に欧米人が上陸することにより，免疫を持っていなかったネイティヴ・ハワイアンにそれまで無かった病気が蔓延し，急激な人口減少が起こり，これが，後に砂糖農園の労働者を受け入れることになる，大きな要因の一つになる。

　カメハメハ 3 世（大王の息子，在位 1825-54 年）の時代には，日本近海を含む太平洋全体で捕鯨が盛んに行われ，マウイ島西北部のラハイナ（Lāhainā）やオアフ島ホノルル（Honolulu）が捕鯨船の補給と鯨油販売の中継地として栄えた。しかし，1859 年にペンシルバニアで石油の掘削が成功した頃から鯨油価格が下落し捕鯨は減少し始め，一方で砂糖生産が国の経済を支える時代に移行していく。1835 年にはカウアイ島南部コロア（Kōloa）で米国人が初の砂糖農園（プランテーション）経営を始め，それまでネイティヴ・ハワイアンが生活に必要

写真1－1　ホノルル，トーマス・スクエア公園に建つカメハメハ3世像
（筆者撮影）

な量だけ育てていた砂糖（kō）の栽培が産業化した。

　砂糖産業拡大に大きく影響を及ぼしたものに，3世が1848年に制定した法律「グレート・マヘレ」がある。マヘレ（mahele）とはハワイ語で「物や土地の分配」を意味し，それまで，土地は皆の物との観念が成り立っていたハワイで，土地の私有を初めて認める制度となった。全島の3分の1ほどの土地を王領として確保した後，他の土地を一般に分け与え，外国人の土地所有も認められ，欧米人所有の農地が大幅に増えるきっかけとなった（Chinen, 1958）。その結果，農業労働者不足が深刻化し始める。牧場の個人所有も可能となり，現在もハワイ島北部に広大な牧草地を保有するパーカー牧場などの牧畜産業も成り立ち始めた。

　一方，3世の時代には，捕鯨船に雇われたまま帰国しない男性や，ゴールドラッシュ後の米西海岸への人口流出により，ネイティヴ・ハワイアンの人口がさらに減少した。

　カメハメハ4世（大王の孫，在位 1855 – 63 年）の時代になり，日本からの移民受入れの動きが始まる。日米修好通商条約批准のため，遣米使節団が米海軍ポーハタン号（USS Pauhatan）で冬の大荒れの太平洋を渡り，往路にホノルルに寄港。同じく米国に向かった咸臨丸はサンフランシスコに直行し，帰路，補給のため 1860 年（万延元年）5 月にホノルルに投錨し，代表の軍艦奉行木村摂津守喜毅が 4 世に謁見した。この時，王が日本からの移民を提案し，後述の「元年者」移民の発端となった。謁見には勝海舟等が同席し，通弁（通訳）は中濱万次郎（ジョン万次郎）が務めた。

　カメハメハ5世（大王の孫，在位 1863 – 72 年）の時代には，南北戦争（1861 – 65 年）勃発により米国北部で砂糖が不足し，ゴールドラッシュ以降のカリフォルニアでの人口増も重なり，米国への砂糖輸出が増大した。農園での労働者確保に向けホノルルに移民局も設置され，日本からの初移民が来島したのもこの時代である。

　7 代目の王，カラカウア（Kalākaua, 在位 1874 – 91 年）は，1876 年（明治 9 年）に米国との互恵条約を結び，王国からの砂糖輸出は飛躍的に伸びた。カラカウアは 1881 年（明治 14 年）に世界一周旅行の旅に出て，往路に日本を訪問。明治天皇に謁見し，日本からの移民を要請した。

　しかし，カラカウア王の晩年は，米国への併合を求める砂糖業者中心のハワイ経済界＝親米派の力が強まり，王権を揺るがす事態に陥り，小さな島国は，大国アメリカに牛耳られる事態に陥っていった。1891 年に女王になったカラカウアの妹，リリウオカラニは，2 年後に経済界の圧力に屈するかのように王権を放棄し，王国は 1893 年（明治 26 年）2 月に終焉を迎えた。この時，日本は邦人保護の名目で東郷平八郎艦長率いる巡洋艦「浪速」をホノルルに派遣している。

写真1－2　イオラニ宮殿とハワイ州議会の間に建つリリウオカラニ女王像
（筆者撮影）

　以上のように，ハワイ王国による移民受入れは，捕鯨後の国の経済を支えた砂糖農園の拡大と米国への輸出の増加に加え，ネイティヴ・ハワイアンの急激な人口減少による農業従事者不足が主要因であったことがわかる。一方，砂糖産業は経済を活性化させると同時に，王国の運命をアメリカに牛耳られる事態を招き，約1世紀続いたハワイ王国終焉の引き金となる，両刃の剣でもあった。

2．ハワイ共和国（Republic of Hawaii 1893－98）から
アメリカ合衆国準州（Territory of Hawaii 1900－59）の時代へ

　王国は終わりを告げたものの，米国24代大統領クリーブランド（Grover Cleveland, 民主党）は併合を決断せず，ハワイは，親米派＝併合支持派の下で，

共和国としてその後も存続した。

　この時代に，米本土からの旅行客が増え，南の島の楽園としての観光地の幕開けとなり，ワイキキにモアナホテルが（米国領になった後の）1901年に開業している。

　その後，米国での政権交代により，25代大統領マッキンリー（William McKinley，共和党）は1898年にハワイ併合を認めた。米西（アメリカとスペイン）戦争の結果，スペイン領であったキューバやプエルトリコばかりでなくフィリピンとグアムも米国の手中に収まり，北太平洋の中心に位置する島の有用性を認めた米国議会は併合を承認し，1900年（明治33年），ハワイは正式にアメリカ合衆国準州となった。この時代もハワイの砂糖産業は増大し続け，移民受入れは1924年まで盛んに行われた。

第4節　日本からハワイへの移民

1．日本の漂流民がハワイに上陸していた

　時代は相前後するが，最初にハワイに上陸した日本人は漂流民であった。その内2例を紹介する。

　ハワイについての詳細を日本に伝えたのは，富山の運搬船長者丸の治郎吉である。1838年（天保9年），マサチューセッツ州ナンタケット（Nantucket）島の捕鯨船ジェームス・ローパー号に救助され，ハワイ島ヒロに上陸した。1843年（天保14年）に帰国し取り調べを受けた治郎吉の証言により，島民の暮らしぶりや地理，風土が「蕃談」（ばんだん）という書籍に残され，挿絵には赤い溶岩が流れるハワイ島の火山も描かれている。

　そして，ハワイに上陸した漂流民で，最も知名度が高いのはジョン万次郎（通称）であろう。1841年（天保12年），5人を乗せたはえ縄漁船が土佐沖で流され，鳥島でマサチューセッツ州ニュー・ベッドフォード（New Bedford）の捕鯨船ジョン・ハウランド号に救助されホノルルに上陸した。その1人が土佐，中ノ浜生まれの万次郎だ。この船のホウィットフィールド（William

写真1－3　大渡浜のジョン・マン像

（筆者撮影）

H. Whitfield）船長は，医師のジャッド[2]に4人を託し，ジョン・マン（John Mung）と呼ばれた万次郎だけを再び乗船させ，捕鯨をしながら母港ニュー・ベッドフォードに帰還した。9年後，1850年にホノルルに戻った万次郎はオアフ島で暮らしていた同僚2人を連れて上海行きの船に乗り，ホノルルで買い求めて船に載せておいた小舟で沖縄本島の南部，小戸浜（現在の糸満市大渡浜）に上陸して10年ぶりの帰国を果たす。大渡浜には，当時の米国を思い起こさせる服を着た万次郎の像が建てられている。ペリー提督が浦賀に来航した際，幕府は，滞米経験があり英語も堪能な万次郎を土佐から江戸へ呼び寄せた。後に咸臨丸に通弁方として乗り込み，カメハメハ4世との謁見で，日本からの移民のきっかけとなる通訳をしたのは前述のとおりで，計4回ホノルルに上陸した中濱万次郎とハワイの関係は深い（中濱，2005）。ハワイは漂流民を通して，ある程度日本について知っていたことが窺える。

2．日本からの海外への移民の幕開け「元年者」（がんねんもの）

　漂流ではなく，自分の意思でハワイに渡った人たちの時代が始まる。1854
年（嘉永7年）アメリカ合衆国東インド艦隊司令長官，ペリー（Mathew
Calbraith Perry）提督と日米和親条約（神奈川条約）が結ばれた結果，外国人の
入国が認められたばかりでなく，幕府は消極的ではあったものの日本人の出
国も許可し，今の旅券にあたる「御免之印章」（ごめんのいんしょう）の発給が
1866年（慶応2年）に開始された。ハワイ王国外務大臣ワイリー[3]は，日本か
ら農園労働者を得られることに着目し，オランダ系米国人で日本語を解したヴ
ァン・リード（Eugene Van Reed）にハワイ王国総領事にあたる肩書を与え，幕
府の許可を得て，横浜と江戸で出稼ぎ労働者を募集し，150名ほどが1868年（慶
応4年）5月に英国船サイオト（Scioto）号で横浜を発った。戊辰戦争の最中で，
元号が慶応から明治に移る年，幕末の混乱の中での渡航となり，明治政府はこ
の移民を認めておらず，渡航印章（現在の旅券）を得ないままの出航となった。
ハワイ州公文書館所蔵の記録では，渡航者数は147名で，オアフ，マウイ，カ
ウアイ，ラナイの4島の砂糖農園に就労しているが，ホノルルでは欧米人宅の
奉公人として雇われた人もいた。募集時の不十分な説明や，長時間労働，農作
業に適さない人も含まれていたこと等から，1870年には3分の1ほどが帰国。
一組の夫婦を含む約百人がハワイに残り，そのまた半数が後に米本土に転住し
たようだが，転住者のその後の消息は不明だ。移民頭の牧野富三郎が3年契約
終了時に作成した書面によると，現地で生まれた子供も含め，ハワイ残留46
名，米本土転航43名，帰国51名，死者7名，不明4名，計151名と記されて
いる（鈴木，2018）。

　この一団が「元年者」と呼ばれるようになるのは1897年，ホノルルの邦字
紙「やまと新聞」による。

　2018年（平成30年）6月，元年者150周年を記念して，ホノルルのビショッ
プ・ミュージアムで「元年者」特別展が開催され，その際，マウイ島の砂糖農
園で3年間就労後ハワイ島に移り住んだ，江戸京橋出身の佐藤徳次郎の家系が
詳細に調査され，この年に徳次郎の8世が誕生していることが判明し，ハワイ

における日系人の歴史の深さが窺える研究結果となった。

3．官約移民時代 (Government Contract Period)

　元年者の渡航以降，明治政府は海外への移民送出には消極的であったが，1881年（明治14年）に，初の現職外国元首として来日したハワイ王国のカラカウア王が明治天皇に謁見し，日本からの移民受入れを願ったことから，移民が本格化する。井上馨外務卿（外務大臣）とロバート・アーウィン（Robert Walker Irwin）ハワイ王国総領事の間で契約がなされ，1885年（明治18年）に「官約移民」と呼ばれる明治政府が正式に認める移民が始まり，1894年までの10年間に，1回船[4] シティー・オブ・トウキョー号（SS City of Tokio）から計26隻の船で計2万9千人余が3年契約で渡航した。広島（38.1%），山口（35.9%），熊本（14.6%），福岡（7.5%）の4県出身者が，計96.1%を占め，出稼ぎが目的であったこともあり，この内の約6割が帰国している。この4県からの移民が多い理由は種々考えられるが，例えば，山口県知事，原保太郎が官約移民で渡航する人に「能く三年の期を終え健康富を致して帰国するを待つものなり」と述べており，行政が移民を奨励していたことが窺える。その結果，横浜正金銀行を通じての移民者から郷里への送金額が，かなりの額にのぼったことが広島等，母県の統計でわかる。

4．私約移民時代 (Private Immigration Period)

　王国終焉により契約相手国を失い官約移民は終わりを告げるが，ハワイ側は農園でのさらなる労働力を必要とし，ハワイ共和国時代には日本で移民斡旋業者が渡航者を募り，1894年（明治27年）から1900年まで私約移民として継続された。

5．自由移民時代 (Free Immigration Period)

　1900年（明治33年）にハワイがアメリカ合衆国準州になり，米国の法律と制度が適用されることにより，移民斡旋業者が介在することが禁止されるが，個

人の意志による移民は継続して認められた。この頃，日本では移民者向けに詳細な渡航案内書も発行されている[5]。

この時代，1903 年から 05 年には，朝鮮半島からも約 7,800 人が，その家族と共に日本経由で，ハワイに渡っている（李，2015）。

他方，米国領になったことにより米本土への転住が容易になり，鉄道建設や鉱山労働等での高賃金を求めて，約 4 万 2,000 人を超える日系人がハワイから米本土に渡った[6]（李，2015）。

しかし 1900 年代に入り，カリフォルニア州では日系人排斥の動きが広がり，1908 年（明治 41 年）2 月，日本政府は米国と紳士協約を結び，ハワイを含む米国への労働目的での旅券交付を停止した。

6. 呼び寄せ移民時代（Restricted Immigration Period）

米国への労働移民は著しく制限されたものの，ハワイや米本土に住む日本人による家族呼び寄せと移民経験者の再渡航は継続許可された。その結果，1920 年（大正 9 年）の米国人口統計では日系人がハワイ準州総人口の 42.7%，10 万 9,274 人にまで達した。しかし，この間も米本土では排日の動きが拡大し，関東大震災の翌年，大正 13 年には米連邦議会で「1924 年移民法」＝ジョンソン・リード法（Johnson-Reed Act）いわゆる「排日移民法」が成立し，米国は日本からの労働移民への門戸を閉ざした（蓑原，2016）。カナダも同じ方向性を示し，ハワイを含む北米への移民は事実上不可能となり，これ以降，日本からの移民の行先は南米等へと移行した。

写真花嫁（picture bride）についても触れておきたい。家族単位で移民した人たちもいたが，当初は砂糖農園での出稼ぎ労働を目的に数年間滞在し帰国する予定で，単身で渡航した男性が定住を決断する例も多くなった。他民族間の婚姻がまだ稀な時代である。郷里に手紙で依頼し写真を交換するだけで配偶者を得る写真結婚で，約 2 万人余（Kawakami, 2016）の女性がハワイに渡った[7]。こうして単身で移民した女性を写真花嫁と呼び，呼寄せ移民時代に多数を占め，後のハワイ日系人増加につながった。

7．沖縄からの移民

　沖縄からの初移民がホノルルに到着したのは他県より遅く，ハワイが米国の準州になる直前，1900年1月のことで，金武間切（現在の金武町）出身で「沖縄移民の父」と呼ばれる當山久三の働きかけによる。他県からの移民より後発であったことや文化習慣の違いから，本土出身者による差別が生じるが，親族や出身地（村や字単位も）の結びつきを強く持ち，ハワイに移り住んだ。官約移民では広島，山口，熊本，福岡の4県からの移民がほとんどであったが，米国により日本からの労働移民が禁止された1924年時点では，沖縄出身者数が福岡を抜いて4番目に浮上，後発ながらも沖縄からの移民がいかに多かったかがわかる。現在も，ハワイのオキナワン（ウチナーンチュ）の結束は強く，ハワイ沖縄連合会（Hawaii United Okinawa Association）を中心に活発に活動している。

写真1－4　オアフ島ワイパフのハワイ沖縄センターに建つ當山久三像
（筆者撮影）

　以上のように，1885年2月に開始された官約移民から1924年7月に米国が日本からの移民受入れを拒むまでの約40年間，日本からハワイへの移民者数は，帰国者も含めて合計約20万人にも上り，定住を決意した人たちは島々の経済を支え，後の日系社会の基盤となっていった。

　ハワイに移民を送り出した要因は数多くあり，地域による違いもあり，定説がある訳ではないが，明治時代初めの経済不況や飢饉に起因する生活困窮を背景とする出稼ぎに始まり，地域によってはそれを行政が支援したこともその一つであろう。そして，成功者が帰国し郷里に錦を飾ることにより触発され，同郷からの移民希望者はさらに増えた。移民斡旋業者の勧誘もあり，国の政策とも相まって，いわゆる「移民県」が形成され，ハワイばかりでなく，その後多くの移民，移住者を北中南米に送出した。

第5節　ハワイでの定住化と日系人社会の形成

1．ハワイの日系人社会

　40年間続いたハワイへの移民の中には，砂糖農園での労働契約期間満了後も帰国せず，同じ耕地で働き続ける人や，より良い条件の農園に移る人，町に出て商業を営む人[8]や牧場等に転職する人，砂糖に続く産業となるパイナップル農園やハワイ島コナでのコーヒー栽培に従事する人も出てくる。出稼ぎとして当初目論んだ収入が得られず，やむを得ず帰国を諦める人がいたのも事実だ。定住化が進むと，耕地でも町でも日系人の共同体が形成され，県人会や郡人会など同郷の互助組織も機能して生活が営まれた。

　そして，日本から，各宗派の開教師や神職が各島に渡り社寺を建て，移住者の心の支えとなり活躍した。現在，ハワイには砂糖農園は存在しないが，以前砂糖キビ畑があった地域や日系人が多く住んだ町には必ずと言って良いほど今でもお寺がある。夏の数カ月，寺の境内では，他の国や地域から移り住んだ人たちも大勢加わって，毎夜どこかの寺で「ボンダンス」（日本の盆踊り）が開かれ，長年にわたるハワイと日本の深いつながりを感じさせる。日本から来島し

写真 1 － 5　2022 年夏，ホノルルの Jodo Mission of Hawaii でのボンダンス
（写真提供：小柳眞理）

たキリスト教牧師も，教会を建て移住者の援助に貢献した[9]。

　農園での苦労の末に定住した移民「1世」にとっては，特に教育と情報，医療福祉が関心事となる。移民した当初は子供の教育まで考える余裕はなかったものの，生活が一段落すると子弟の教育に熱心に取り組み，多くの日本語学校が各地に設立された。万一帰国した際に2世の子女が困らないように，家の恥にならないように，と考えていたこともその一因であった。「欧米人が移住するとまず教会を建てるが，日本人が移住すると学校を建てる」と言われる所以もこのあたりにあったのかもしれない。

　1930年代になり定住者の経済状況は一般的に安定し，子供を日本の郷里の親戚に預け教育を受けさせる例も増え，日本での勉学を終えハワイや米本土に戻った若者を「帰米2世」とか Kibei と称し，2章で述べる太平洋戦争中の日系兵士と強制収容の話に繋がっていく。また，情報源として邦字紙（日本語新聞）が各地で発行された。医療面での支えも必要となり，日本から来島した医

師に母国語で診察を受けられる安心感は大きく，現在，ホノルルの日本国総領
事館近くにある総合病院「クアキニ・メディカル・センター」はその流れをく
む医療機関だ。

2．砂糖農園のその後

　1920年（大正9年）には日系人がハワイ準州総人口の42.7％を占めていたが，
米国への移民が終わりを告げた1924年当時の農園従事者だけを見ると，約
70％（篠遠，2001）を占めるまでになり，米本土の日系人と異なり，「マジョリ
ティ」として，郷里の文化や習慣と日本語（方言）をそのまま残して生活する
ことができた。これは砂糖農園での政策によるところも大きかった。農園主は，
ルナ（農園の現場監督 luna）の下で労働者に長時間労働を強い，かつ出身国や地
域で賃金に差をつけていたことから，労働者同士の情報交換を極力避けるため
に出身国別に居住地（キャンプ）を分け，英語を奨励せず母国の習慣と言葉で

写真1－6　オアフ島ワイパフにあるハワイ・プランテーション・ビレッジ
移民の生活が学べる。後ろに旧砂糖工場の煙突が見える。

（筆者撮影）

の生活を容認したからである。一方，農園での賃金や労働条件は一向に改善されず，20世紀に入ると農園労働者が増給を求めて度重なるストライキを行う事態になり，主要邦字紙「布哇報知」「日布時事」がその啓蒙や支援にあたった。

　20世紀になると，米西戦争でフィリピンが米国領になったことと，日系人が多くなりすぎたことへの懸念から，比国からの移民を多く受け入れるようになり，より安い賃金で働き始め，フィリピン系が砂糖農園労働者に占める割合が後に日系を上回ることになる。耕地での労働は過酷であったものの，一方では，それぞれの国や地域から来島した人たちが同じ区画で働くことにより，お互いの文化を知り，受け入れる機会を得て，現在のハワイの文化多様性に繋がっていった。

　食文化が多様性の好例と言える。当時の日本からの移民にとって，まず，米と味噌，醤油，漬物等が求められた。日本食を弁当として持参して砂糖キビ畑での農作業に勤しむのだが，他の国や地域からの移民と食べ物を交換（シェア）するようになり，それが現在ハワイで楽しめる「ミックス・プレート」の原点になったとも言われている。21世紀になってからも「おかず屋」と呼ばれる店を良く見かけた。調理した日本風の「おかず」やご飯ばかりでなく，フィリピンや中国，朝鮮から伝わった食べ物や麺が数多く並べられていて，好きなものを注文して持ち帰ることができる店だ。このような店の味付けや風味が残るハワイ風日本食も，日本からの旅行者がハワイを身近に感じる要素の一つなのであろう。

　もともとネイティヴ・ハワイアンの食べ物の一つであった「ポケ」（poke）は，生のマグロ等をぶつ切りにして塩で味付けしたものであったが，日本やアジアからの影響か，現在は醤油で味付けしたポケが好まれるようになり，移住者の生活の知恵で生まれた食生活の工夫と味もまた，日本からの旅行者にとっても楽しみの一つになっている。

　言語では，英語とハワイ語，母国語が混在する言葉が農園労働者の共通語となり，ピジン・イングリッシュとかプランテーション・ピジンと呼ばれるハワイ独特の言葉が使われるようになった。ピジン（pidgin）を紹介すれば枚挙に

いとまがないが，例えば「ハッパイコー」がある。ハワイ語でコー（kō）は砂糖キビ，ハーパイ（hāpai）は，抱えて運ぶことを意味し，これが転じて砂糖キビを運ぶ作業をこう言い，農作業を急がせるまとめ役は，日本語が混ざり「ヒッパリ・メン」と呼ばれた（Ikeda 2015）。

　現在，プランテーション・ピジンを話す人は少なくなっているものの，ハワイの人たち独特の発音や抑揚，言い回し，そしてハワイ語の単語を混ぜての英語表現にも，来島する旅行者を虜にする不思議な「魔術」があるように思える。

3．2世はアメリカ人

　アメリカ合衆国内で生まれた人は，属地主義の国籍法により，出自（ルーツ）がどこの国や地域であろうと，すべて米国市民権を与えられる。父親が日本国籍であれば（現在は両親どちらでも）在外公館に出生届を提出し日本籍も留保でき，多くの2世は二重国籍者となった。

　1895年（明治28年）ハワイ島コナで生まれたサンジ・アベ（阿部三次 Sanji Abe）も2世の1人。第1次世界大戦中に米軍に志願し，1940年（昭和15年）には日系初のハワイ準州上院議員に選出されている（鈴木，2012）。「2世」と言うと，第2次世界大戦中に欧州戦線で戦った日系人をまず思い浮かべるが，初期の移民の2世がこの頃すでにいたことも忘れてはならないし，戦前から日系2世はアメリカ人としての責務も立派に果たしていたことが阿部の例からも読み取れる。

　ちなみに，米国に定住しても，日本生まれの1世には米国市民権が認められず，帰化権が与えられるのは，戦後を待つことになる。

　明治時代から始まった日本からの移民はハワイの砂糖キビ耕地で勤勉に働き，商業にも転じ，島内の経済を支えてきた役割には大きなものがあった。アメリカ合衆国の準州になった時代には多くの2世が生まれ育ち人口も増し，成熟した日系社会が形成され，ハワイ文化を吸収し，現地社会との融合も進んでいった。

　異文化の土地に挑み，出自（ルーツ）を異にする人たちと交わりを深めながらも，日本的な生活習慣を残せたのは，ハワイの総人口に占める割合，特に砂糖農園での多数派（マジョリティ）であった結果，自分たちの文化を容易に保てたことにも大きな要因があった。そして，その地で生まれ育った日系人は父母や家族の価値観と教えを守りつつ，ハワイらしさ「アロハ・スピリット」を併せ持つ米国人として育ち，かつ1世の残した文化は彼らの中に色濃く残り，現在もハワイと日本との深いつながりを感じさせる大きな要因になっている。

【注】

1）日本人は日本からの移民者，日系人は現地で生まれた2世以降の人たちを指すが，これ以降は，移民した1世に限定して言及する場合以外は，日本人，日系人双方を「日系人」と記す。（2章も同様）

2）ジャッド（Gerrit Parmele Judd）は1828年に第3次宣教師団の一員として来島した医師。ハワイ語に精通し，カメハメハ3世の下で外務大臣等の王国の要職を務めた。オアフ島北東部の観光地でもあるクアロア牧場はジャッドが3世と王妃から買い取った土地で，現在もその子孫が所有している。なお，米国からのキリスト教宣教師は，牧師だけではなく医者や技術者等も含めて構成されており，マサチューセッツ州ボストンのアメリカ海外伝道委員会（American Board of Commissioners for Foreign Missions）が選考した人たちであった。

3）ワイリー（Robert Crichton Wyllie）はスコットランド人で，ハワイ王国でジャッドの後任として外務大臣を務めた。自らもカウアイ島プリンスビルの農園主で，カメハメハ5世の下で日本からの移民受入れを主導した。王国への貢献から，ホノルル，マウナアラの王家墓地に祀られている。

4）官約移民は，第1回に限ると広島県より山口県出身者の方が多く，総勢944名の約3割は大島郡からの移民であった。周防大島町には「日本ハワイ移民資料館」があり，日本の移民史が学べる。

5）例えば，1904年博文堂発行「布哇渡航案内」には，ハワイへの船旅案内から現地事情，オアフ島の列車時刻表や運賃までが網羅，記載されている。

6）日本政府は，布哇（ハワイ）行きを許可した旅券を保持する者の米本土への転住を禁じたが，日本人斡旋業者は，その意向を無視し勧誘を続けた。

7）当時の移民の写真交換による婚姻は郷里を同じくする例がほとんどであったが，日本からの移民に含まれていた朝鮮半島からの写真花嫁は，夫と出身地域が異なり，方言も習慣も違った。

8）ホノルルの街にも多くの日系人が移り住んだが，ペストが蔓延し1900年にその対策で火を放ったところ大火になり住民は移転を強いられた。その大火事の前に日系人が多く住んでいた地区が，現在のホノルルダウンタウンの中華街だ。

9）土佐出身で，同志社神学校で学んだ奥村多喜衛牧師が，高知城の天守閣を模して建てたマ

キキ聖城キリスト教会（Makiki Christian Church）はアラモアナの山側にあり，今も日系信徒により守られている。奥村は2世の教育や農園労働者のスト解決にも腐心した。

引用・参考文献

朝日祥之，原山浩介　編（2015）『アメリカ・ハワイ　日系社会の歴史と言語文化』東京堂出版
ハワイ報知100周年記念（2012）『ハワイ日系パイオニアズ100の物語』ハワイ報知社
井上昭洋（2014）『ハワイ人とキリスト教』春風社
木村和男（2007）『北太平洋の発見』山川出版社
国立歴史民俗博物館（2019）『企画展示　ハワイ　日本人移民の150年と憧れの島のなりたち』
近藤純夫（2019）『ハワイアン・ガーデン　楽園ハワイの植物図鑑』平凡社
李里香（2015）『国がない　ディアスポラの歴史』かんよう出版
増田義郎　訳（2004）『クック太平洋探検』岩波文庫
簑原俊洋（2016）『アメリカの排日運動と日米関係』朝日新聞出版
中濱博（2005）『中濱万次郎』冨山房インターナショナル
日布時事社　編（1935）『官約日本移民布哇渡航五十年記念誌』日布時事社
篠遠喜彦，荒俣宏（1994）『楽園考古学』平凡社
鈴木啓（2018）『元年者 Gannenmono, A Legacy of Eight Generations in Hawai'i』Bishop Museum Press
鳥越皓之（2013）『琉球国の滅亡とハワイ移民』吉川弘文社
Chinen, Jon J.（1958）『The Great Mahele, Hawaii's Land Division of 1848』University of Hawai'i Press
Ikeda, Myra Sachiko（2015）『A Harvest of Hawai'i Plantation Pidgin』Mutual Publishing, LLC
Judd IV, Gerrit P.（1960）『Dr. Judd, Hawaii's friend』University of Hawai'i Press
Kāne, Herb Kawainui（1997）『Ancient Hawai'i』The Kawaiinui Press
Kawakami, Barbara F.（2016）『Picture Bride Stories』University of Hawai'i Press
Mitchell, Donald D. Kilolani（1992）『Resource Units in Hawaiian Culture』Kamehameha Schools Press
Odo, Franklin & Sinoto, Kazuko（1985）『A Pictorial History of the Japanese in Hawai'i 1885-1924』Bishop Museum Press
Whistler, W. Arthur（2009）『Plants of the Canoe People』National Tropical Botanical Garden

参考URL

クアキニ・メディカル・センター　https://kuakini.org/wps/portal/public/about-us/history/（2023年4月8日参照）

第2章
日米，日布（日本とハワイ）友好の時代へ

　アメリカ合衆国の一州であるハワイは，ネイティヴ・ハワイアンの文化が礎となる異文化の地である。それなのになぜ，日本からの旅行者はそこに親近感を抱くのか。アジア系アメリカ人が多く暮らす島々であるからか。その中でも日系人の存在が，何か大きな要素になっているようにも思える。第2章では，移民の子孫としてハワイで生まれ育った多くの日系米人，特に第2次世界大戦中から戦後にかけての2世の生活に着目し，そのハワイ社会で果たした役割と，彼らが築き上げて大事に保ってきた，父母の国，日本とのつながりを明らかにする。そして，その上に新たに創られた，現在の日布（日本とハワイ）間の親しい間柄も紹介する。

第1節　第2次世界大戦とハワイ日系2世

1．真珠湾攻撃

　第2次世界大戦が始まり，日米関係はすでにきな臭いものになっていたものの，日系社会にとって「まさか」の出来事が起こり，生活が一変した。1941年（昭和16年）ハワイ時間12月7日午前8時前（日本時間8日未明）の日本帝国海軍による真珠湾攻撃だ。日曜日で子供たちがお寺や教会の日曜学校に通っている時間帯で，当初は真珠湾での爆発音を有事だとは気付かず演習だと思っていた住民もいたようだが，それが日本軍による攻撃だと知ると日系人の間に戦慄が走った。当日夕刻には戒厳令が敷かれ，灯火管制も始められた。その日の内に，日系社会の主要な人々の拘束が始まり，米国当局は有事を想定して勾留すべき人の洗い出しを以前より進めていたことがわかる。母国が敵となった

日本人移民（1世）ばかりでなく，米国市民でありアメリカ合衆国憲法により自由を保障されるべき日系2世も，敵性外国人（enemy alien）とみなされ，生活上の制限を受ける立場となった。社寺での行事は禁止され日本語学校は閉校。邦字紙（日本語新聞）は発行を停止され，敵との電波通信や戦艦の誘導を警戒したのか日系人所有の漁船は港に留め置かれた。家で日本語の本やお寺の書面等を焼き捨て，和服を隠す人もいた。日本の再攻撃を警戒し，ワイキキ・ビーチにも鉄条網が張り巡らされたことは，あまり知られていない事実だ。

2．強制収容とホノウリウリ収容所

　開戦翌年1942年（昭和17年）2月に軍事指定地域となった米本土西海岸に住む日系人はすべて強制退去命令の対象になったが，ハワイ準州では事情が違った。真珠湾攻撃当時の準州総人口に占める日系人の割合は40％弱，約16万人であった。これだけの人数を収容することは事実上困難であり，かつ経済が回らなくなるのは明白で，強制収容の対象になったのは，米国当局によりすでに名前が挙げられていた人たち，すなわち総領事館関係者や仏教の開教師や神道の神職，日本語学校教師，経済界の要人等の主要人物のみに留まり，ハワイ日本文化センターのボランティア林達巳の調査では，ハワイでの強制収容対象者は家族も含め2,270名である（秋山，2020）。しかし，少数ではあるものの要職にある人たちであり，日系社会全体に与えた影響は大きかった。対象者は各島の一時収容場所を経て，現在は沿岸警備隊基地やコンテナふ頭，倉庫に使用されている，ホノルル港対岸のサンド・アイランド（Sand Island）に収容され，その後，一部は米本土の強制収容所や司法省管轄の抑留所へ移送され，他の人たちは1943年3月にホノウリウリに急遽造られた収容所に移された。

　ホノウリウリ（Honouliuli）[1] 収容所は真珠湾の西，一般道路からは見えない谷合に造成され，1945年10月まで運営されていた。当時の収容者からは「地獄谷」と呼ばれ，上記の主要人物ばかりでなく，米国籍でありながらも危険とみなされた「帰米2世」の一部や，収容地区は区切られていたものの，ドイツ人，イタリア人や，戦争捕虜となった日本兵や朝鮮半島出身者も含む軍属も収

容された。戦後，施設はすべて撤去され，収容所の存在は時間の経過と共にハワイ日系人の間でも忘れ去られていたが，1980年代後半からハワイ日本文化センター（Japanese Cultural Center of Hawaii = JCCH）で収容所跡地を調査し保存する活動が始められた。ハワイ大学考古学専攻の学生により発掘が進められ，長く放置され大木や雑草に覆われていた谷から，当時の年号が書かれたマンホールの蓋や，洗濯場の土台等が発掘された。日系収容者の戦時中の苦労を偲び，記憶を後世に残すべく，この場所を，カリフォルニア州マンザナー収容所跡地と同様の，真珠湾と繋がる国立歴史公園にして保存しようとの動きがJCCHを中心に始まり，オバマ（Barack Obama）元大統領により2015年2月に国定史跡に指定された。一般開放されるにはまだ時間を要するが，旅行者の新たな訪問先としても，早く整備されることが望まれる。

3．自国アメリカ合衆国を守る決意を示した日系2世たち

　真珠湾攻撃時，ハワイ準州国防軍兵士として島内警備にあたっていた日系人や，士官への道を目指しハワイ大学 ROTC（Reserve Officers' Training Corps，予備役将校訓練課程）で学んでいた日系の若者等も敵性外国人として銃の保持を禁じられた。しかし彼らの母国，アメリカ合衆国への忠誠心は強く，ハワイ大学の学生が中心に VVV（Varsity Victory Volunteers，直訳すれば学生勝利奉仕団）を結成し，銃をシャベルなどの道具に持ち替えて自国防衛の奉仕活動を行った。この熱意と真意が軍の方針を転換させる引き金の一つとなり，その後の日系人部隊設立の動きにつながっていった。

　ホノルルのワイキキ（Waikīkī）地区を貫く主要道路カラカウア通り沿いに "Brothers in Valor" Memorial という，第2次世界大戦に従軍した日系アメリカ人勇者を称える碑があり，その4面に，自国のために戦った日系兵士が所属した米国陸軍の4隊が紹介されている。
① 「第100歩兵大隊」（100th Infantry Battalion）
　ハワイ語で穴をプカ（puka）と言う。ゼロを丸い穴に例えて，100大隊がそ

写真 2－1　ワイキキに建つ Brothers in Valor Memorial 碑
（筆者撮影）

のニックネームにしたのが「ワン プカ プカ」だ。真珠湾攻撃前，すでにハワイ準州国防軍に所属していた彼らは再度銃を持つことを許され，1942 年 6 月に召集され米本土に移動し米国陸軍第 100 歩兵大隊としてイタリア戦線でドイツ軍と激しく交戦。多くの死傷者を出した。

② 「第 442 連隊戦闘団」（442nd Regimental Combat Team）

　1943 年に新たな日系人部隊が編成されることになり，志願兵を募った。米本土では強制収容所での忠誠登録[2]と志願に少なからず疑問と抵抗が示され，軍の意図した募集定員に満たなかったが，ハワイ準州では 1,500 名の募集に対し 6 倍の若者が志願の意思を示し，最終的に 2,600 名が選ばれた。本土から志願した隊員と共に訓練を受け，第 442 連隊戦闘団として欧州に向かい，兵員数

写真 2 - 2　日系兵士に授与されたパープル・ハート章
（筆者撮影）

が激減した 100 大隊を連隊に含め，「ゴー フォー ブローク」（Go For Broke）を
合言葉に，イタリア各地で難攻不落のドイツ軍防衛線を突破し，フランス東部
ボージュの森でテキサス大隊を救出する等，多くの功績を残した[3]。しかし激
しい対独戦で多くの血が流され，442 連隊は，米軍で死者や重症者に贈られる
勲章「パープル・ハート章」（Purple Heart）を最も多く授与された部隊となり，
いかに過酷な戦いを強いられたかを物語っている。なお，大戦終了近くには
442 連隊の一部がドイツ，ダッハウでユダヤ人解放に加わったことも，日系人
が関わった重要な出来事の一つとして，付記しておきたい。

③　「M.I.S.」（Military Intelligence Service）

　アジア太平洋の戦場で従軍したのが M.I.S.（Military Intelligence Service）だ。
通訳や翻訳業務，情報収集にあたった日系人部隊で，日本語の無線傍受や暗号
解読，日本兵捕虜の尋問，そして日本での戦後対応業務にもあたった。100 大
隊や 442 連隊の設立時，米軍は日系兵を直接日本との交戦には配属しなかった
が，M.I.S. は彼らの父母の国との直接対戦を求められたことになる。日英両語
の能力が必須で，戦前，日本で学生時代を送った「帰米 2 世」が多く含まれた。

大戦末期の沖縄戦で，米兵から身を隠すためガマ（壕，鍾乳洞）に逃げ込んで
いた地元民を，その地区の言葉で説得し助け出した，沖縄帰米2世兵士の逸話
も語り継がれている。また，戦場には赴かなかったものの，後方で翻訳業務等
に従事した日系女性兵士もいた。

④ 「第1399工兵大隊」（1399th Engineer Construction Battalion）

　1944年4月にオアフ島スコーフィールド陸軍基地で結成された日系人部隊
で，海外に派兵されることはなかったが，ハワイ防衛に欠かせない装備や設備
の製造と建設にあたった。

　2011年にホノルルのビショップ・ミュージアムで開かれた日系移民特別展
によると，第2次世界大戦に従軍した日系兵士だけでパープル・ハート章を
9,486人が授与されている。その過酷な体験と犠牲の上に，それまで欧州系の
人たちと社会的に同等ではなかった当時の日系人の米国内での地位が見直さ
れ，その後のハワイ社会の礎にもなった。2013年に同博物館で開催された「ア
メリカン・ヒーロー」特別展では，欧州で参戦した，当時の日系兵士の平均身
長は5フィート3インチ（160cm），平均体重125lb.（57kg），行軍装備は銃も含
め1人当たり80lb.（36kg）と紹介されており，小柄ながらも強靭な体力と精神
を併せ持つ人たちであったことがわかる。

　一方，兵士の親（1世）は戦前の日本文化や習慣を保ち続けハワイで生活し
ており，志願して戦場に向かう息子に「千人針」[4]を持たせている例もみられ
る。ハワイの2世兵士は，豊かな自然の中で育った明るさを持ちつつも，家で
の日本の教えを守り，母国アメリカのために戦った。ハワイに住む，ある日系
3世は，442部隊に所属していた自分の父親（2世）についてこう語っていた。
「父は，家庭では日本の伝統的価値観を，学校ではアメリカの民主主義を学び，
日米双方の考え方を併せ持つ人であった」と。そして，父を「ハイブリッド」
（hybrid）と表現していた。2世の米軍への志願は，母国アメリカへの忠誠心と
共に，自分の親や家に報いるためでもあった。

第2節　戦後の日布関係

1．戦後，ハワイ日系人が果たした役割

　第2次世界大戦中の日系兵士には二十歳に満たない若者も多くおり，彼らは帰還後，米国政府が交付した一時金「GI ビル」（GI Educational Bill）を使い高等教育の機会を得た。ハワイ大学や米本土の大学で学び直して学位を取得した人も多く，政治家や法曹，実業家，医師，教育者などに転じ，ハワイの牽引者となった。母国のために戦ったことに対する，米国民とハワイ州民からの日系退役軍人への厚い信頼が寄せられたことも，それを後押しした。

　戦後のハワイ経済は，砂糖産業で巨大化した企業，いわゆる「ビッグ・ファイブ」[5] による寡占状態が続き，準州政治は長年この5社を基盤に共和党が優位であったが，ダニエル・イノウエを筆頭に日系政治家が指導力を発揮し始める。1954 年（昭和 29 年）選挙では準州上下院とも民主党が制し，1959 年（昭和 34 年）の州昇格への動きも加速していった。経済面で一例を上げれば，それまで日系人は銀行からの融資も受けづらかった中，欧州戦線から無事帰還したサカエ・タカハシが，他の 442 部隊帰還者等と共に，住友銀行の協力の下，1954 年（昭和 29 年）にセントラル・パシフィック・バンク（Central Pacific Bank，中央太平洋銀行）を設立し，州内の経済活動に貢献したことが挙げられる。同行は現在も主要銀行の一つとして州経済活動の担い手となっている。教育面では州教育局長に日系人が何人も就任し，現在も各島で日系教員が占める割合は高い。宗教界では，真珠湾攻撃後，拘束され本土に送られ，後に日米交換船で家族と共に帰国した開教師が，初心を貫徹すべく戦後に家族と共にハワイに戻り，砂糖農園労働者や町で商業を営む日系人家族の心の支えとして再び活動したことも，日布間の絆の一つとして紹介しておきたい[6]。

　そして，長い間，日米間のはざまに置き去りにされていた日本人1世は，昭和 27 年 12 月，「1952 年移民国籍法」（Immigration and Nationality Act）＝マッカラン・ウォルター法（McCarran-Walter Act）の成立により，ようやく米国市民

権を得ることが可能になり，戦前より米国で生活した努力と苦労が報われた。かなり後のことにはなるが，1988 年にレーガン（Ronald Wilson Reagan）大統領が署名した市民的自由法（Civil Liberties Act）により，戦時中の日系人強制収容に対し国としての正式な謝罪と補償がなされた。これは，日系社会のみならず米国全体にとって極めて重要な判断であり，この双方の法律成立過程に 2 世政治家等の粘り強い運動があったことは言うまでもない。

2．日布友好の時代の架け橋となったハワイ日系人

　横浜の新港埠頭，横浜海上保安部近くにララ物資記念碑がある。戦後の荒廃した日本，沖縄，朝鮮に援助の手を差し伸べたのが LARA である。Licensed Agencies for Relief in Asia の略でアジア救済公認団体と訳され，米国をはじめ北中南米の国々で資金を集め，食料品や粉ミルク，医薬品，学用品等の援助慰問物資を送った団体である。JICA 横浜海外移住資料館の展示によると，この総額の約 20％，約 80 億円が各国の日系援助団体によるもので，ハワイでもこれに呼応し活動が行われ，醤油や味噌等の食材も送っている。ハワイの沖縄系の人たちも積極的な支援の輪を広げ，食料にも事欠く母県救済の組織を立ち上げ 528 頭の豚を沖縄へ送り，繁殖して 3 年後には 10 万頭にまで増えた。ハワイに対する羨望の眼差しは否応なしに高まったであろう。沖縄県うるま市民芸術劇場前には，相互扶助の精神を後世に語り継ぐべく「海から豚がやってきた」記念碑が建てられている。

　戦時中，中止を余儀なくされていた日布間の文化スポーツ交流も再開された。ハワイ日系社会では戦前から相撲が盛んで，当時の化粧まわしや行司の装束と軍配も保存されている。各島に土俵がつくられ定期的に対抗戦が行われ，その中でもマウイ島の力士（日系人は力士を「sumo-tori」と呼ぶ）が特に強かったそうだ。戦後は大相撲巡業がハワイで 8 回開催され，人気の高さが窺える。大相撲にもハワイ出身力士がいたことは周知のとおりだが，その先陣を切ったのがマウイ出身の高見山（本名 Jesse James Wailani Kuhaulua）だ。日系の贔屓筋

写真2－3　米陸軍第442連隊戦闘団の紋章
（筆者撮影）

から贈られたものだろう，442部隊の，松明をかざす図柄の紋が入った羽織を
着た高見山の写真がある。

　日本で活躍した野球選手に，ウォーリー・ヨナミネ（与那嶺要 Wallace Kaname
Yonamine）がいる。1951年（昭和26年）から読売巨人軍で活躍し，後に中日ド
ラゴンズの監督を務め，野球人としてハワイを身近に感じさせる役割を果たし
た。球界に入る前は日系人初のプロ・アメリカンフットボール選手としてサン
フランシスコ・フォーティナイナーズに所属していたが，自分の足腰が強いの
は子供の頃からマウイ島の砂糖キビ畑で働いていたからだと，若い頃を振り返
り語っていた。謙虚な行動と語り口が印象に残る。

第3節　ハワイを身近な存在にした日系人のリーダーたち

　日本にとって，ハワイを身近なものにしたのは，前述の高見山やヨナミネの
みではなく，多くの日系人の寄与によるところだ。その中で，ハワイ州を牽引
する立場で，日布間でも積極的に活躍した日系州知事が2人いる。
　ハワイ州3代目の知事を務めたのがジョージ・アリヨシ（George Ryoichi

Ariyoshi）だ。米国初のアジア系州知事となり，1974年から86年まで在任し，数多く訪日し，来島客誘致にも努めた。父が福岡県豊前市出身で，ハワイでは相撲力士でもあった。アリヨシ知事の下で1978年から4年間副知事を務めたジーン・キング（Jean Sadako King）は母方が日系の女性であった。

　州の議員を長年務めた後，2014年から22年まで8代目の州知事を務めたのがデービッド・イゲ（David Yutaka Ige）だ。父方は沖縄県，母方は山口県出身の3世で，父は100大隊と442連隊に所属し，パープル・ハート章を受けた一人であった。

　そして，第1章冒頭で紹介したハワイの空港に名を残す2人に言及したい。
　ダニエル・イノウエ（Daniel Ken Inouye）は，53年間の長きにわたりハワイ州選出の連邦議員を務めたホノルル出身の政治家だ。真珠湾攻撃時は17歳で

写真2－4　八女市上陽町に建つダニエル・イノウエ像
（筆者撮影）

あったイノウエは442連隊戦闘団に志願し，1世の父から「家の恥，国の恥になることはしてくるな。しかしあなたの国は米国だ」と告げられ欧州戦線に赴いた。1945年4月にイタリア戦線で負傷し右腕を失い，外科医になる夢を諦め，ハワイ大学で政治学を学び，ワシントンD.C.のジョージ・ワシントン大学で法律の学位を得て，ハワイ準州で政治家の道を歩んだ。1959年にハワイが50番目の州になり，州選出の連邦下院議員に選出され，1963年には上院議員に転じ，アジア系米国人政治家としてアメリカ全体に偉大な足跡を残した。政治家としての強靭さや説得力に溢れた演説と共に，彼の豊かな人間性を物語る挿話（エピソード）がある。私的な会合で，ピアノに向かいダニーボーイ（彼の名はダニエル）の曲を左手の五本の指だけで奏でることがあり，聞く人の琴線に触れる音色で，涙を流す人もいた。2012年12月に他界。ワシントンD.C.の大聖堂で行われた葬儀でもダニーボーイが演奏され，ホノルルのパンチボウル国立太平洋記念墓地に埋葬されている。母国，米国のために尽くす立場を生涯貫いた日系2世であった。父が福岡県八女郡横山村出身で，八女市上陽町の川沿い「ホタルと石橋の里公園」に，功績を讃える銅像が建てられている。また，彼の名を冠したホノルル空港D-1搭乗口付近には氏を讃える展示が見られる。

　エリソン・オニヅカ（Ellison Shoji Onizuka）はハワイ島西部コナの南，ケアラケクア（Kealakekua）出身の日系3世。空軍の試験飛行操縦士からNASA宇宙飛行士に転じ，宇宙に到達した初のアジア系米人だ。1986年1月，2度目の宇宙飛行に向けての打ち上げ時にスペースシャトル・チャレンジャーが爆発事故を起こし，39歳で他界したが，チャレンジャー回収作業の際，大西洋に沈んでいたオニヅカの私物から，日系初の州知事になったジョージ・アリヨシの家族写真が回収された（ハワイ報知，鈴木 2012）。父方の祖父母が福岡県うきは市（旧浮羽町）出身で，道の駅うきはに銅板レリーフが置かれている。

第4節　日本からの旅行者とハワイ文化復興

1．日本からの海外観光旅行解禁

　戦後，1米ドル＝360円の固定レートであった時代に，多くの日系人が訪日している。2世たちは東京や日本各地の名所旧跡を団体で旅行した後，それぞれの出自の地を訪れ先祖の墓参りをし，初めて会う親戚との親交を深めるのが，お決まりの日程であった。2世の訪日は，戦後のハワイへの憧れをさらに大きなものにしていった。一方，戦後，日本から業務や学業で米本土に向かう旅行者にとって，経由地ハワイは，自然が美しい素晴らしい土地として日本の家族や友人に報告され，出迎えてくれる日系人の人柄や，もてなし「ハワイアン・ホスピタリティ」[7]も共に伝えられた。

　東京オリンピックが開催された1964年，待ちに待った日本からの海外観光旅行が解禁となる。JTB広報室によると，初の海外観光旅行団は「第1回ハワイダイヤモンドコース旅行団」。オアフ，マウイ，ハワイ，カウアイ4島を巡る7泊9日，添乗員同行，全食事付きで1人36万4千円。主催は第一銀行と日本交通公社で，パンアメリカン航空の協賛であった。海外観光旅行解禁を見越して始められた積立旅行で，ホノルルではワイキキのモアナホテルに宿泊している。現在との物価の違いや今の渡航費と比較しても，何とも高価であるが，待望の「憧れのハワイ旅行」の幕開けであった。

2．ハワイ旅行の大衆化

　1970年，羽田・ホノルル間にボーイング747ジャンボ機が就航し，まだ高嶺の花であったハワイに渡航しやすくなる絶好の機会が現れた。夕刻になると羽田空港旧国際線ターミナルに当時3つしかなかった搭乗口すべてがホノルル行のパンアメリカン航空，ノースウエスト航空，日本航空のジャンボ機で占められる日もあった。座席数が大幅に増えたことにより，航空会社は40名以上の団体に適用される大幅に安価な運賃を発表した。4泊6日の旅行期間が定着

しハワイ旅行の主流になったのもこの時代だ。

3．ハワイ固有の文化の復興

　1970年代，ハワイでは社会を大きく揺り動かす文化復興運動「ハワイアン・ルネッサンス」が巻き起こった。ネイティヴ・ハワイアン固有の文化を取り戻そうとする運動で，甘い旋律のハワイアンの曲，それに合わせて踊るフラは観光誘致の道具に利用されているにすぎないのではないか，そして自分たちの土地は王国の消滅時に不法に奪われてしまったのでは，との思いから，固有文化の復興が声高に語られ，古典フラやハワイ語，歴史文化研究への関心が高まりをみせた。そして，この運動以降も，来島する旅行者を歓迎しつつも，ハワイ文化の真髄をより正しく知ってもらおうとする地道な活動[8]が継続され，ビーチ・リゾートだけではなく，地元の文化と価値観に基づく受入れが進み，ハワイ文化の神髄としての古典フラを極めたいフラ愛好家など，日本からの再訪者（リピーター）増にもつながっていった（フラの詳細は第5章を参照のこと）。現在，州での来客誘致活動はHawai'i Tourism Authority（HTA）が主管しているが，ハワイアン・ルネッサンスの趣旨であるハワイ固有の文化啓蒙活動はHTAの主たる業務の一つとしても継続され，来客増への重要な要素をなしている。その地域の個性を生かして受け地側から人の移動を促進する「ディスティネーション・マネージメント」の好例とも言え，その土地の文化と価値観を伝え残すことの重要性にも注目したい。

第5節　日布　相互交流の時代へ

1．姉妹都市交流

　「私たちをつなぐ絆，The Ties that Bind」を表題（テーマ）に，「日本ハワイ姉妹サミット」（Hawaii-Japan Sister State & Siter City Summit）会議が2023年7月にホノルルで開催され，姉妹友好関係にある日布各地の自治体が一堂に集まった。同会議の冊子によると，日本の6道県がハワイ州との姉妹提携など何

らかの交流関係を維持している。その中でも広島，山口，熊本，沖縄，福岡の5県はいずれも明治時代から多くの移民を送出した「移民県」である。戦後の日系2世の母県との積極的な関わりもあり，強力な関係が維持されてきた。各島（郡＝county）では，ホノルル市郡（オアフ）が12カ所，ハワイ郡6，カウアイ郡4，マウイ郡が3カ所，日本の市区町村と何らかの交流関係を締結している。この会議では，それぞれの地域が直面している共通課題や，経済や文化の結びつき，若者の教育交流の重要性等が話し合われたが，一つの州で，これだけ多くの姉妹都市関係を有している点にも，日本でのハワイとの交流への関心の高さが窺える。

2．日布文化交流事例

　移民の歴史を背景に，伝統と重みを持つ長年の姉妹関係を維持，推進する県や都市がある中で，近年始まった交流も，意義ある動きを見せている。その一例として，ホノルル市と新潟県長岡市の姉妹都市提携の経緯を紹介する。真珠湾攻撃を受けたホノルルに対し，太平洋戦争勃発時の日本帝国海軍山本五十六長官の生地であり，かつ米軍の空襲を受けた都市の一つで，1945年（昭和20年）8月1日に市内が焦土と化し1,488名（長岡市ウェブサイト）の尊い命が失われた長岡。過去に深い悲しみを経験した両市の新しい交流が始まるきっかけは，2007年に長岡市長が日米市長交流会議参加のためホノルルを訪ねた際，ホノルル市長に平和を主題とした市民交流を申し入れたことであった。翌年，ホノルル市長補佐官が初めて長岡を訪問した際には，真珠湾攻撃と山本長官，長岡空襲に関するホノルル側の受け止め方に強い関心を持つ地元記者から鋭い質問が相次いだ。しかし，その後の学生相互訪問，相手の土地に行って現実を見て意見交換をするなどの地道な努力から，新たな交流への道が築かれていった。真珠湾のアリゾナ記念館と長岡戦災資料館の学芸員が互いに訪問し相互理解を深め，厳しい歴史も双方の立場から理解すべきと考えが一致し，アリゾナ記念館に山本長官の新たな紹介展示がなされるまでに進展した。

　機は熟し，2012年（平成24年）3月に両市長がホノルルで姉妹都市友好宣言

に調印した。学生交流は新型コロナ蔓延の間もオンラインで行われ絶え間なく継続されている。後述のホノルルフェスティバル最終日に，ワイキキ海岸沖で長岡花火が打ち上げられているが，両市間の積極的な交流と米国海軍の協力を得て，戦後 70 年にあたる 2015 年（平成 27 年），日本での終戦記念日にあたる 8 月 15 日（ハワイ時間）に，真珠湾のフォード島で日米両国と世界中の戦争犠牲者鎮魂のための慰霊の花火が打ち上げられた。和解（reconciliation）から，ハワイへの関心がさらに深まった好例と言える。

　近年始まった日布間の文化交流行事はいくつかあるが，ハワイの地の利を生かした日布友好イベントの一例としてホノルルフェスティバルを紹介する。この行事は「パシフィック・ハーモニー"愛と信頼"」をテーマに，1995 年（平成 7 年）3 月に始まった。当初は，日本各地のお祭りや文化紹介から始まったが，地元ホノルルでの周年行事として定着し，2000 年には，アジア太平洋地域に広く関わる文化，経済，人々の調和を意図する，ハワイ州登録の非営利財団（Public Non-Profit Organization）9) に運営を委ねている（財団理事には日系人も含まれる）。ハワイと日本各地，琉球，アイヌの固有文化を紹介するばかりでなく，太平洋の臍（ハワイ語で「ピコ」piko）の地の利を生かし，州知事やホノルル市長，各国総領事館の協力の下，アジア太平洋に広がるハワイ在住のエスニック・グループと，その出自の国や地域からの積極的な参加を得て，環太平洋の交流の場として，ハワイ最大の文化イベントに成長した。太平洋の真ん中に位置する観光立州ハワイならではの特性を生かした交流文化を創造し，地元への貢献度や経済効果も高く，日布文化交流が，太平洋全体に広がる異文化交流の場に発展した一例である。

　日本からの参加者は，ハワイのみならず，国際的な交流の場に触れ，毎年参加するグループが増えた。また，参加型の教育旅行の場として，さらに国際交流の現場でのボランティア活動が教育の一環として認識されるようになり，学生，生徒のハワイでの異文化体験は実のあるものとなっている。

　現在のハワイは，ネイティヴ・ハワイアンの血を引く人たちの割合が少なくなっているものの，一度失いかけた固有の文化と言葉を復活させ，他の国や地域から移り住んだ人たちが，新たに「カマアイナ」(kama'āina＝ハワイ語で，その土地の人) となり，お互いの独自性や多様性を尊重しつつ共生する，アメリカ合衆国50番目の州として発展している。その中でも，カマアイナとして生まれ育った日系人の果たした役割は大きく，特に第2次世界大戦中，米国兵として参戦した日系2世と，その中で無事帰還した人たちが戦後果たした役割が，現在の州の基盤を築いたと言っても過言ではない。そして，日本からの旅行者は，アロハスピリットに富み，ハワイらしさを体現する日系人の恩恵を少なからず受け，ハワイに親近感を感じるのではないだろうか。

＜追記＞

　2000年の米国人口調査で，ハワイ州総人口の約21％を占めていた日系人は，その後減少傾向にある。世代交代も進み8世も生まれる時代となり，米国人である彼らは当然，米本土にも移り住み，他の出自（ルーツ）を持つ人との婚姻関係も進み，自分を日系だと意識しない人がいるのも理解できる。何をもって日系人と呼ぶべきか，出自だけでは語れない時代になっている。

　ハワイ日本文化センター (JCCH) に「おかげさまで」[10]と名付けられた日系移民の歴史を紹介する展示場があり，入り口に石塔を模したものが12本立てられており，ハワイに住む日系人が両親や家族からどんな価値観を学び日本語で覚えていたかが書かれている。「犠牲，義理，名誉，恥／誇り，責任，忠義，感謝，仕方がない，頑張り，我慢，恩，孝行」。移民の苦労や戦争の時代を思い起こさせる言葉や，現在の日本では忘れ去られそうな表現もあるが，ハワイに関心を抱く読者の皆さんは，これら12の文言から，ハワイの日系人をどう捉えるだろうか。今後も日本の人たちがハワイに愛着を持ち続け，日布間の将来を良好に保つために，何かを示唆してくれていると思う。

写真２－５　ハワイ日本文化センター「おかげさまで」展示入口の石塔
（筆者撮影）

【注】

1）ホノウリウリ（Honouliuli）は，オアフ島ワイアナエ山脈の尾根の南東側から真珠湾の西，カポレイに至る一帯に広がるネイティヴ・ハワイアンの共同生活地域（アフプアア ahupuaʻa）の地名で，ハワイ語で，緑の生い茂る暗い谷，もしくは濃紺の暗い色の湾を意味する。

2）1943年2月，米陸軍省と戦時転住局（War Relocation Authority ＝ WRA）が合同で，日系人の米国への忠誠心を問う「忠誠登録」を行った。

3）442連隊戦闘団の欧州戦線での激戦と活躍の様子はドウス昌代の「ブリエアの解放者たち」に詳しい。

4）マウイ島カフルイにある2世ベテラン・メモリアル・センター（Nisei Veterans Memorial Center）に，2世兵士が欧州戦線から無事帰還し持ち帰った千人針と毛糸で編んだレイが保管されている。

5）Big Five は Castle & Cooke, Alexander & Baldwin, C. Brewer & Co., American Factors, Theo H. Davies & Co. の5社を指し，現在もこの内数社が元砂糖農地であった各島の土地を多く所有し，不動産開発やゴルフ場，ホテル等の事業を展開している。

6）「日米交換船」に紹介されている，ヒロ東本願寺の開教師暁烏武夫は米本土で収容された後，2回目の日米交換船で帰国し，戦後に再度家族と共にハワイ島ヒロに赴いている。

7）ハワイでは，遠来の訪問者（ハワイ語でマリヒニ malihini）を，アロハの心を持って友人

のように受け入れ歓迎することを美徳と考え，ハワイ語でホオキパ（ho‘okipa）と言う。ハワイアン・ホスピタリティの原点とも言え，日系人社会もまた，この意味合いを生活の中で会得し，持ち続けている。

8) Native Hawaiian Hospitality Association（NaHHA）がその一例。

9) ホノルルフェスティバル財団（Honolulu Festival Foundation）設立の趣旨は，To promote cultural understanding, economic cooperation and racial harmony between and among the people of the Asia-Pacific region, especially those of Hawaii and Japan。

10) 日本ハワイ文化センター（JCCH）では「おかげさまで」を"I am what I am because of you."と英訳して伝えている。アリヨシ知事が良く使われた言葉でもある。

引用・参考文献

秋山かおり（2020）『ハワイ日系人の強制収容史』彩流社

荒了寛　編著（2017）『日本人の目，アメリカ人の心』開拓社

ドウス昌代（1986）『ブリエアの解放者たち』文春文庫

後藤明，松原好次，塩谷亨　編著（2004）『ハワイ研究への招待』関西学院大学出版会

JICA 横浜『海外移住資料館』展示（2023 年 4 月）

（公財）長岡市国際交流協会（2023）『長岡市，ホノルル市　姉妹都市締結 10 周年記念誌』

ポール円福（2012）『ハワイ報知 100 周年記念　ハワイ日系パイオニアズ 100 の物語』ハワイ報知社

白水繁彦・鈴木啓　編（2016）『ハワイ日系社会ものがたり』御茶の水書房

鈴木啓（2017）『ハワイの日本語新聞雑誌事典 1892-2000』静岡新聞社

鶴見俊輔，加藤典洋，黒川創（2006）『日米交換船』新潮社

矢口祐人（2002）『ハワイの歴史と文化』中公新書

矢口祐人（2011）『憧れのハワイ』中央公論新社

山口一美（2015）『ホスピタリティ マネジメント』創成社

山本真鳥，山田亨　編著（2013）『ハワイを知るための 60 章』明石書店

Burnes, Brendan P.（2014）『An Aura of Greatness, A Reflection on Governor John A. Burns』Aignos Publishing, Inc.

Fitts, Robert K.（2008）『Wally Yonamine, The Man Who Changed Japanese Baseball』University of Nebraska Press

Hawaii Nikkei History Editorial Board 編（1998）『Japanese Eyes American Heart』Tendai Educational Foundation, University of Hawai‘i Press

McCaffrey, James M.（2013）『Going for Broke』University of Oklahoma Press

Pukui, Mary Kawena & Elbert, Samuel.H.（1986）『Hawaiian Dictionary』University of Hawai‘i Press

Stinnett, B.Robert（2000）『Day of Deceit, The Truth about FDR and Pearl Harbor』Touchstone

Trask, Haunani-Kay（1993）『From a Native Daughter』University of Hawai'i Press

参考 URL

長岡空襲　http://www.city.nagaoka.niigata.jp/kurashi/cate12/sensai/kuushu.html
　（2023 年 4 月 12 日参照）
Honolulu Festival Foundation　http://www.honolulufestival.com/（2023 年 4 月 12 日参照）
Native Hawaiian Hospitality Association　http://www.nahha.com/（2023 年 4 月 12 日参照）
Nisei Veterans Legacy　http://www.nvlchawaii.org/（2023 年 4 月 12 日参照）

第3章
愛されているアロハシャツ

　夏になると，日本人の私たちもアロハシャツを着たくなる。ハワイに行ったときには，もちろんアロハシャツを着ることが多い。アロハシャツが，多くの日本人に愛されている理由は何なのだろうか。実は，アロハシャツの誕生には日系移民の存在が大きく，その発展を支えたのが日本の生地の染め物師と日系のお針子であることをあなたは知っているだろうか。また，ハワイのローカルなアロハシャツという存在をカリフォルニアそして全米に広げることに多大な役割を果たした人もいる。その人は，ハワイにおける"サーフィンの神様"と呼ばれるデューク・カハナモクという人物である。さらに今でこそアロハシャツはハワイにおける正装として認知されているが，そこに至る道のりには市民の継続的な努力と時代の後押しがあったということもある。そこで，第3章では，上記のことを明らかにすることで，日本とハワイの深い繋がりとアロハシャツが愛されている理由について明らかにしたい。また，愛されているアロハシャツを製造しているハワイの代表的なメーカーとユニークなメーカーについて，その魅力を紹介する。最後に日本人が旅の目的の筆頭に挙げる「安らぎ」，「癒し」の要素を提供するアロハシャツの持つ不思議な魅力について言及する。

第1節　日本との深い繋がり：アロハシャツの歴史

　アロハシャツと日本には深い繋がりがある。アロハシャツの誕生，発展，そして現在までハワイの日系人や日本人が大きな役割を果たしている。どのような役割を果たしてきたのか，アロハシャツの歴史を通して明らかにしよう。

1．ハワイの日系移民とアロハシャツ

　1868 年（明治元年）に，日本からハワイへの移民が始まった。149 名，彼ら
は「元年者（がんねんもの）」と呼ばれた。1881 年（明治 14）に，日本を訪れた
カラカウア王はハワイへの日本人移民を明治天皇に要請した。そこから途絶え
ていたハワイ移民が再開される。その際に，ハワイ政府が経済的支援を行い，
日本政府が斡旋した移住者を官約移民という。その後，1894 年には移民の斡
旋が民間に委託され，その移住者は「私約移民」と呼ばれた。それらの移民は，
サトウキビ農園の労働者としてハワイに渡ったのである。1880 年の初めに全
サトウキビ労働者の 1％に満たなかった日本人労働者は，1902 年には 70％に
達した（日本人移民についての詳細は，第 1 章を参照のこと）。

　その頃，日系移民を中心とする農園労働者が着ていた作業服が「パカラ」と
呼ばれるもので，それはチェック柄の木綿地で作られていた（写真 3 − 1）。こ
の「パカラ」が，アロハシャツが生まれる下地を作ったと言われている。日本
人移民が日本から持ってきた着物を着古しても，その残った部分で子供用のシ
ャツを作ったのである。それを見た地元のハワイの高校生が親に頼んで市販さ

写真 3 − 1　パカラ
（ハワイ州観光局ラーニングサイト）

れている着物の生地で作ってもらった。その際に使った生地に浴衣地が含まれていたことから，当時のシャツには和柄が多かった。

2．アロハシャツと「ムサシヤ」

　1930 年代前半に，日本人移民が着ているシャツを見た米本土からの観光客が，日系人が営む注文シャツ店で来島記念にアロハシャツを仕立ててもらった。この頃のシャツ屋の中で一番有名なのが「ムサシヤ」であった。この「ムサシヤ」を開いたのは最初の官約移民としてハワイに渡ったシャツ職人，宮本長太郎である。宮本は，1904 年頃，反物を置き，オーダーメイドでシャツを仕立てる店を開店する。東京出身にちなんで「ムサシヤ」（写真 3 - 2）という名にした。その後，長男孝一郎が店を継ぎ，店名を「ムサシヤ・ショーテン」に変更する。1920 年 5 月から毎週，ホノルル・スター・ブルテンに広告を出

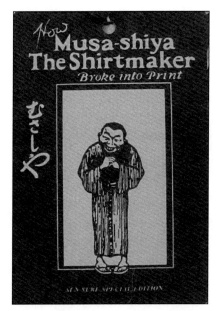

写真 3 - 2　ムサシヤ
（Images of Old Hawaii HP より）

すようになった。その広告は孝一郎が笑顔を浮かべ，揉み手をしているユーモラスなもので，インパクトがあった。それに日本語なまりの奇妙な英語の宣伝文を組み合わせていたので，広告の効果は抜群であった。

　この広告の効果もあり，「ムサシヤ」はホノルルで一番有名なシャツ屋になった。「ムサシヤ」には，飾り立てた車で有名人がアロハシャツを求めて押し寄せた。その中には，ジョン・バリモア，アラン・ラッド，ダグラス・フェアーバンクス，ロナルド・コールマンという錚々たるメンバーがいた。メリー・ピック・フォード，ロレッタ・ヤング，シャーリー・テンプルなどの女優には絹の着物を作った。そろばんを使って精算をし，帰り際には恭しくお辞儀をして著名人たちを魅了した。しかし1939年頃，世界恐慌で経営は悪化し，店を輸入商社の藤井順一に譲る。買い取った藤井はその店を「ムサシヤ・ショーテン・リミテッド」とした。

　1935年6月にホノルル・アドバイザー紙に「"アロハ"シャツ　きれいな仕立て，美しいデザイン，晴れやかな色。既製品と注文品・・・95セントより」という広告を出す。この広告がアロハシャツという言葉が文字として残された中で一番古いとされている。このころから，着物の生地を使った日本調の柄（和柄）の既成のシャツ（写真3-3）が生まれた。これらのアロハシャツは，現代の日本人にとってレトロで懐かしい気持ちにさせるものでもある。

3．アロハシャツと観光地の確立

　1935年頃から，初期の和柄のアロハシャツが作られるようになった背景には，経済が大恐慌の不景気から徐々に回復したことと，1935年4月にパンアメリカン航空のクリッパー（小型水上飛行機）がアメリカ西海岸から飛んで来るようになったため，観光客が少しずつ増えたことによる。当時の新聞を見ると，1937年にハワイを訪れたハリウッドの俳優たちが誇らしげにアロハシャツを着ている写真が掲載され，アロハシャツを扱う店の広告が年々増えていくのがよくわかる。

　アロハシャツの誕生にはハワイが観光地として成長し，人気が高まっていっ

写真3-3　鶴も和柄

（筆者撮影）

たことが大きく関係する。1927年にマトソン・ライン（Matson Line）がサンフランシスコ～ホノルル間の客船を就航させ，多くの観光客がホノルルを訪れるようになる。1934年にルーズベルト大統領もハワイを訪れ，アメリカ太平洋艦隊がハワイを基地にする。こうして多くのアメリカ人がハワイに降り立ち，ハワイ土産の需要が高まる。それに伴い観光客用のハワイらしい土産が求められ，アロハという言葉が吸引力を持つようになる。アロハシャツのみならず，アロハコースター，アロハティーカップなど，さまざまな土産にハワイをイメージさせる言葉としてアロハという名前が注目され重要性を持つようになる。

　アロハシャツへの需要は増しつつあったが拡販にはネックがあった。1920年代，1930年代，綿と絹がアロハシャツの主要素材だったが，大量生産を目指す初期のころは絹に染め柄を乗せることがなかなか難しかったのである。この問題の解決に救世主が現れる。1924年，デュポン社がレーヨンを導入することで，この問題が見事に解決される。レーヨンは染めが乗せやすく，絹以上に絹のようだといわれた。また，他の素材より耐久性があり，なんといっても

極めて安価で生産することができたという点が歓迎された。こういう画期的な
発明もあり，ハワイアンシャツ産業をハワイにおける成長産業に変えていく。

　戦前は比較的地味な柄で綿素材を中心とした和柄アロハが，レーヨン素材の
色彩豊かな和柄アロハに発展していく。この色彩の豊かさがハワイの持つ明る
さ，気候にうまくマッチし，愛好者を大きく増やした。日本独特の構図や色調
は，アメリカ本土からハワイに観光で訪れるアメリカ人やハワイに駐屯する
G.I（軍人）たちに珍重され，交通機関の発展に伴いハワイ特有の土産物として
急速に発展，定着していった。のちにそれは，和洋折衷柄を生み出すに至る。
そして，もう一つの変化が起こる。1960年ポリエステルが紹介され，レーヨ
ンに代わってポリエステルが主流になっていった。

　1930年代後半のアロハシャツの隆盛を支えているのが，主に日系や中国系
の人が営む街の仕立屋だった。しかし，そのような和柄のシャツの陰で，アロ
ハシャツの洋柄化が着々と進んでいった。1935年にガンプス（Gump's）という
店でハワイの花柄の生地が，イーストマン・コダック・ストアでココナッツボ
タンが発売される。さらに1937年にはリバーティー・ハウスで，カヌーやヤ
シの木の柄の生地が発売されるようになる。1938年〜1939年には，フラガー
ルやサーファー，ヤシの木などの柄が発売される。次第にアロハシャツと言え
ば，和柄ではなくトロピカルなハワイをモチーフにした洋柄（写真3 – 4）を指
すようになりつつあった。

　また，アロハシャツを語るうえで外せない人物がいる。エラリー・チャン
（Ellery Chun）とその妹エセル・チャン（Ethel Chun）である。エラリー・チャ
ンは一般にアロハシャツの生みの親としてガイドブックなどで紹介され，アロ
ハシャツ史上重要なキング・スミス・クロージャーという店を経営していた人
物である。エラリー・チャンはインタビューに答え，「1938年にプナホ高校の
生徒が着ていた花柄のシャツにヒントを得て，同じようなシャツを2，3ダー
ス，ムサシヤに仕立ててもらいアロハシャツという名前を付けて，一枚一ドル
95セントで売りだした。」と語っている。ちなみにプナホ高校は，地元の名門
高校でオバマ前大統領の出身高校である。さらに，「アロハシャツ」の商標登

写真3－4　トロピカルなアロハシャツ

(筆者撮影)

録を申請し，1936年にはその名称とユニークな曲がったヤシの木の図柄が商
標登録して認められた。8月7日の新聞に「アロハ」がトレードマークに登録
されたことを伝える広告を掲載する。翌年3月頃を境にアロハシャツという言
葉が他の店の広告から消えていった。

4．アロハシャツの大量生産

　アロハシャツは1935年ごろから小売店で既製品として売られるようになっ
たが，当初はシャツの仕立屋などで小規模に作られていた。ここでまた一つの
変化が起こる。いくつかのスポーツ・ウェアー製造会社が創設され，工場で
スポーツ・ウェアーが大量生産されるようになっていった。1938年から1939
年ごろにはこのような製造方法の変化により，ハワイ柄のアロハシャツが数
多く作られるようになっていく。1936年にジョルジュ・ブランジュ（George
Brangier）とナサニエル・ノーフリート（Nat Norfleet）が始めたブランフリト・
スポーツ・ウェアーもそのうちの一つである。2人はノース・キング・スト
リートで開業する。2人の設立した会社はデザイナーを擁し，デザインから仕

上げまでの一貫生産を導入する。アロハシャツへの新たな追い風は 1950 年代に始まるサーフィンの流行である。服飾業界は再び 1960 年から 1980 年代まで続く上昇気流を経験して拡大していく。

5．アロハシャツは正式な衣装

　今やアロハシャツはハワイにおいて正式な衣装である。2009 年 7 月現上皇夫妻（当時天皇夫妻）がハワイを訪問された際も，参加者の多くがアロハシャツで謁見し，夜の晩餐会もアロハシャツで臨席した。しかし，このようにアロハシャツは初めから正式のものと認められていたわけではない。たとえば 1920 年代半ば，ゴードン・ヤングが，ワシントン大学にアロハシャツを着ていき，大学当局を激怒させたことが報道されている。

　1941 年，職場でのアロハシャツ着用の論争がハワイで始まる。ホノルルの郡・市の検事のウィルフォード・D・ゴッドボールドが「準州政府の職員などのアロハシャツの着用を容認することを求める」決議案を提出したが，認められなかった。1947 年，再度，「職場でアロハを着ること」を容認する案が提出される。今回は多くの人が賛同して，職場でアロハシャツを着る権利を獲得する。やはりアロハシャツの快適性を多くの人が認め，求めるようになって来たのである。

　1948 年，トルーマン米大統領がキーウエストを訪問した際に暑い天候だったのだろうか，アロハシャツを着用していた。それが，雑誌『LIFE』の表紙に掲載され話題になった。それによりアロハシャツは知名度が上がり，アロハシャツをめぐる環境が変わりだす。

　ホノルル商工会などが中心になり，ハワイの文化や伝統を保存する目的で従来あったお祭りを拡大して，1947 年 10 月 26 日から 11 月 22 日までアロハウィークを開催した。銀行員，店員，法律家などが期間中はアロハシャツで働くことが許された。これを機に，1948 年，ハワイの衣料メーカー，小売業者がアロハ・ウエンズデーを始める。ビジネスマンは，感謝祭（11 月の第 4 木曜日）からクリスマスまでの毎水曜日アロハシャツを着て働くことが奨励される。

1950 年代にハワイでは、ハワイファッション組合の呼びかけでアロハ・フライデーというキャンペーンが起こる。「金曜日にはアロハを着よう」という主旨だ。役所の職員からも「職場でアロハシャツを着て仕事をしたい」との声が上がる。はじめ役所側は反対を唱えるが、アロハ・フライデー・キャンペーンは着実に広がっていく。その背景には、普段着としてアロハシャツを認めることが地元商品の販促にもつながり、これで地元産業が活性化するからである。1958 年、ウィリアム・クィン知事は、夏の間は準州の職員がアロハシャツを着用することを認めた。

1962 年、ハワイファッション組合は、男性市民が夏の間、「アロハの服装を着ることを認めるよう」にする活動を開始する。その一環として、ハワイ議会上院下院の議員全員に 2 着のハワイアンシャツを送る。このような意表を突いたアプローチが功を奏してか、決議が採択される。その背景には快適という点が歓迎された点もあるが、アメリカの 50 番目の州となったハワイ州の衣料産業を支援するという追い風が吹き出したことも挙げられる。1968 年には、議員も議会でアロハシャツを着られるようになる。いまは、アロハ・フライデーとして、男性はアロハシャツ、女性はムームーを着るのが一般化している。

6．アロハシャツの黄金期を支えた日本のプリント生地とお針子

以上のように、アロハシャツが市民権を得るまでの歴史を明らかにしたが、このアロハシャツの歴史を支えていた 2 つの要素である日本のプリント生地とお針子について明らかにする。

アロハシャツのプリント生地は、古くから友禅の伝統のある京都で抜染されることが多かった。京都は戦災から免れたことも幸いした。京都の染色業は戦後順調に復興し、アロハシャツのプリントも京都から大量に輸出されるようになる。併せて、日本がさまざまな改良を重ねていった。それは、厳しい検品システムが業界で励行されていたからである。アメリカの場合はプリントの際、ある程度の最低限度の量が求められたが、日本にはその縛りがなかったのも幸運だった。少ない数量で品質が良くミスが少ない。加えてウォッシャブルだっ

たことがハワイで受けた理由であった。

　アロハシャツの黄金期を支えたもう一つの要素がお針子である。お針子とは仕立て屋に雇われて衣服を縫う女性のことである。裁断は男性がする一方で，お針子は若い女性が務めた。

　お針子の多くは日系2世であった。父親がサトウキビ畑や製粉所の労働者，母親がパイナップル畑や缶詰工場，あるいは家政婦だった。サトウキビやパイナップル産業に比べ，お針子は賃金が良く楽な仕事であった。米国本土の大量生産に，ハワイ側は，技術の高さで対抗した。

　アロハシャツ業界が成長するに従い，優秀なお針子が足りなくなってくる。そこで，その解決法として見習い制度が導入される。またお針子予備軍を対象に業界魅力づくりのキャンペーンを開始する。併せてオン・ザ・ジョブ・トレーニングを行った。「平均的な従業員なら半年から1年で業務用ミシンの技術が身につく」とアピールした。これにより250名の新しい労働力が生まれた。そういう努力もあって，アロハシャツ業界は1950年から1960年，急成長を遂げる。ハワイにおいて，アロハシャツ生産を主体とするアパレル産業は，砂糖，パイナップルに次いで3番目の産業の地位を確保する。それを支えたのが日本のプリント生地とお針子である。

　以上のことからも，アロハシャツはその誕生において，日本とハワイには深い繋がりがあることが明らかになった。また，アロハシャツが日本の浴衣から誕生していることからも，アロハシャツに対して日本人に懐かしい気持ちを起こさせ，それが日本人がアロハシャツを好きになる理由の一つかもしれない。

第2節　デューク・カハナモクのアロハシャツへの貢献

1．オリンピック金メダリストと "サーフィンの神様"

　カラカウア大通りのモアナサーフライダーホテルの先に "サーフィンの神様" といわれる人物の銅像が立っている。この人物はデューク・カハナモク（写真3−5）と言い，彼はアロハシャツの拡大発展に大きく寄与した人物である。

写真3－5　デューク・カハナモク
（ハワイ州政府観光局　all hawaii）

　デューク・カハナモクは，1890年にオアフ島に生まれる。オリンピックで
水泳選手として2回金メダルを取っている。1912年のストックホルム・オリ
ンピックで初めての金メダル，1920年のアントワープ・オリンピックで自分
の記録を破り2回目の金メダルを獲得した。サーファーとしての偉業の一つは
キャスルズで強大な波をとらえ，波が砕けたのちも岸まで1.6キロ波に乗って
いたという近代における最長記録を持っていることだ。アメリカやオーストラ
リアの海岸で何年にもわたり，サーフィンを紹介した。

2．アロハシャツの工夫とアロハ大使
　デュークは，1925年にカリフォルニアのニューポート・ビーチで29名を乗

せた釣り船が転覆し，そのうちの9名を救出したことでも知られている。これによりハワイの人々からさらに尊敬されていく。さらに，サーファーとしても彼の行動は偉業として讃えられている。

　1934年，デューク・カハナモクはホノルル市・郡の保安官に選出され，12年連続で務めている。1959年には，ハワイが州になってから正式にアロハ大使になりハワイを訪れる人びとを歓迎した。彼がもてなした有名人にはエリザベス女王，エルビス・プレスリー，グローチョ・マルクス，野球界からはベーブ・ルースやジョー・ディマジオ，子役スターのシャーリー・テンプル，ミッキー・ルーニーなどが含まれている。

　デザイナーとしての仕事も早くから手掛け，デューク考案の水着なども第二次世界大戦中に制作された，脇にストライプの入った海水パンツは人気だった。第二次世界大戦前は，少年や一部の大人は，暑い日はシャツの裾をズボンの外に出してオーソドックスなシャツの裾を風にひらひらさせていた。それを見苦しいと思う人もいた。そこで，デュークは行動に出る。デュークは裾をまっすぐに切り，白やクリームのシャツのポケットに紋章を付けた。これがハワイアン・スポーツ・シャツの始まりとされる。セレブはたくさんいるが，彼ほどハワイアンシャツをハワイならびにメインランドで人気にさせた人物はいない。彼の名前をハワイアンシャツにつけることで間違いないと思わせ，彼がお墨付きを与えた商品は際立った売り上げ増を確保した。

　1937年，ブランフリート（のちにカハラ）と5年契約を結ぶ。アロハシャツや水着に「Designed by Duke Kahanamoku, world champion swimmer, Made in Hawaiian Islands」のラベルが付けられた。「デューク・カハナモクのデザインによる」の文言は売り上げ増に効果的だった。

3．全米への積極的活動

　戦時中の布地の輸入，シャツの輸出の規制はハワイのアロハの輸出に深刻なダメージを与えた。この時期，デュークを支え，彼のマネージメントをする重要な人物が登場する。エマニー・レターマンである。ニューヨークの辣腕保険

セールスマンで有名人と仕事をするのが大好き，ハワイが大好きという人物だ。

1949年，レターマンの助けを得て，デュークはニューヨークとカリフォルニアが本拠地のメーカーシスコ・カジュアル社のアロハシャツのプロモーションをする契約を結ぶ。デュークの写真入りラベルのアロハも含めた数種類の服が売り出される。契約を結んだ6週間後，記者会見を行い，1カ月後にそのシャツが公開された。ニューヨークのファッションショーやパーティーなど，デューク本人が全米をまわって積極的にアロハシャツの宣伝活動を行ったため，新しい服は順調に売れ出した。派手なプロモーションも行った。プロモーションの旅費として1,000ドルの小切手をデュークに渡す場面を撮影させて注目を浴びるようにした。

雑誌の「ニューヨークヘラルド（New York Herald）」は長身で日焼けしたい男の身なりの写真を多用し，父の日にぴったりのシルクシャツを特集した。この流れの中で，デュークとそのシャツにスポットライトが当てられ話題を呼んだ。

1951年，デュークと妻のナディーヌはカラフルなアロハシャツのプロモーション活動を行った。デュークがシスコ・カジュアル社の会長に送った手紙の中にこう記している。「ここはもう夏で，ハワイアンシャツで溢れている。特に旅行者の人気が高く，『ホノルルに来てまずすることはアロハシャツやホロク（後ろの裾の長いハワイの伝統的衣装）に着替えることだ』と考えているようです」。このように，デューク・カハナモクみずから「夏イコールアロハシャツ」という繋がりを巧みにアピールした。

1954年の映画「地上より永遠に」で，モンゴメリー・クリフトがデュークのアロハシャツを着て登場し，さらに注目を浴びるようになる。デュークブランドのシャツは，それまでローカルだったハワイアンシャツの存在を全国区にした。1958年，ハワイアンシャツの製造業はハワイで3番目に大きな産業に成長する。

1968年に逝去した際には，彼の死を悼むたくさんの人々がワイキキビーチ

を埋めたと言われている。ハワイの人たちには，デュークが触れたものには，すべて寛大で気楽でゆったりした気風が吹き込まれるように映った。このようにハワイの人から愛されている彼の存在のアロハシャツへの貢献度は図りしれない。

第3節　アロハシャツの代表的メーカーとユニークな3社

この節では，アロハシャツの代表的メーカーである3社　①カハラ (Kahala)，②レイン・スプーナー (Reyn Spooner)，③トリー・リチャード (Tori Richard) と，それらの会社が製造するアロハシャツの魅力を紹介する。併せて，ユニークな存在のアロハシャツのメーカーである3社，①トミーバハマ (Tommy Bhama)，②シグゼン (Sig Zen)，③コナ・ベイ・ハワイ (Cona Bay Hawaii) について紹介する。

1．アロハシャツの代表的メーカー

① 　カハラ

歴史は古く1936年の創業であり「デューク・カハナモク」と「カハラ」のブランドを持つ。カハラはアロハシャツの代名詞ともいえるブランドである。カハラは，1939年には，新しい工場を建て，45人の従業員を抱えるまで成長する。製品はホノルルの高級店にも卸したが，大半はアメリカ本土に輸出した。40年代は貝殻とタパ模様（桑の木と竹の版木を使った伝統的な手法でつくられる柄素材と呼ばれる幾何学模様）を組み合わせた「シェル・タパ」柄が人気を集めた。素材ではコットンを使うことを得意としていたが，日本のシルク生地を使ったり，タパ柄にレーヨン生地を使うなど他ブランドにない斬新な発想のアロハシャツを多く生産した。1950年代には社名をカハラ・スポーツ・ウェアーに変更する。1959年には，所有する85台の機械が年間百万ドルのセールスを挙げ，世界規模で小売店に販売した。その中にはフランスのデパート　ギャラリエ・ラファイエットや米本土のデパート　ビー・アルトマンなどが含まれていた。

写真3－6　カハラ
（カハラ社 HP より）

　1961 年，カハラ・スポーツ・ウェアーのナット・ノーフリー・シニアは一度手放した商標権を取り戻し，デュークが再びカハラのスポーツ・ウェアーをサポートしてくれることを喜んだ。王冠を背景にデュークの名前を冠した有名なシンボルのタック・ラベルがアロハシャツやジャケット，海水パンツにつけられた。

② 　レイン・スプーナー

　アロハシャツの代表的なメーカーのレイン・スプーナーの創始者の1人，レイン・マカラー（Reinolds Mccullough）はハワイでの生活が気に入り，ハワイの州昇格をビジネスチャンスと見てハワイに 1958 年に移住する。一方，女裁縫師，ルース・スプーナー（Ruth Spooner）もサーフトランクスをワイキキで作っていて人気があった。2 人の提携が始まり，1957 年にハワイ屈指のアロハシャツメーカー「レイン・スプーナー」が誕生した。そして 1960 年代前半に，レイン・スプーナーの代表的な特徴の一つになる「裏地のアロハシャツ」の発案者パット・ドリアン（Pat Dorian）が加わる。バーテンダーであったパット・

写真3－7　レイン・スプーナー

(筆者撮影)

ドリアン（Pat Dorian）が自分の手製のシャツをバーに来る客へ売っていた。パットは，生地を裏返して明るさを抑えたシャツをレイン・スプーナーに提案して，レイン・スプーナーはそれを売るようになった。裏返しにしたアロハシャツというジャンルを確立したことで，レイン・スプーナーはアロハシャツの歴史に確固たる地位を構築することになる。レイン・スプーナーには楽しい柄がある。枠で仕切ってできた小さな四角に，たとえば四季の農業やハワイの神様などの絵をはめ込んでいく。これによって着る楽しみに加え，読む楽しみが増える。レイン・スプーナーのシャツは貫禄もあり，独特の風格のあるアロハシャツとして，サーファーにもビジネスマンにも受け入れられたのである。1959年には，今や全米最大のショッピングセンターに拡大するアラモアナセンターがオープンしたのを受け，彼はそこに店を構える。現在ではアラモアナセンターは，観光客の80％が滞在中に複数回訪れる，人気の観光スポットだ。そこに早くも店を構えたのは優れた先見性だと言える。

③　トリー・リチャード

　創業 1956 年，基本は Made in Hawaii である。素材にシルクが多く，高級
感があり，ドレスシャツの風格も持つ。ホテルや旅行会社に従事している人が
多いハワイは，販売促進や情報交換のためのパーティーが多く，日中は綿や
レーヨンのアロハシャツを着て働いていても，夜のパーティーにはドレッシー
な絹のアロハシャツに着替えていく人が多い。そんな時，トリー・リチャード
のドレッシーなアロハシャツが選ばれる。ブランド名は創業者である「モーテ
ィマー・フェルドマン氏」の 2 人の子供である，「ビクトリア」と「リチャード」
から名付けられた。

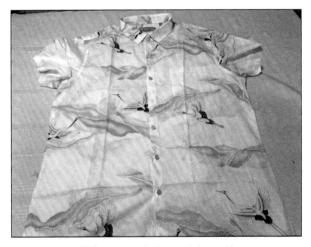

写真 3 － 8　トリー・リチャード

(筆者撮影)

　以上，アロハシャツの代表的メーカーについて明らかにしたが，次に，店舗
数は限られるが，熱狂的ファンのいる 3 社のユニークなアロハシャツメーカー
を紹介する。この 3 社はいずれも他社にない特筆すべきアロハシャツの魅力的
なポイントを持っている。

２．ユニークなアロハシャツのメーカー

① 　トミー・バハマ

　トミー・バハマは，アメリカ発の「アイランドスタイル」をテーマとした
ライフスタイルブランドである。「Make life one long Weekend（日々を長い週
末のように）」という考えで，休暇のようにリラックスして毎日を送ろうという
アロハシャツにぴったりの考え方だ。1993 年に開業し，現在はカラカウア大
通りやアラモアナセンターに店を構えている。また，ハワイ島にトミー・バハ
マ・カフェを開業した。１階は店舗で２階にレストランがある。２階のレスト
ランでは一律のユニフォームではなく，スタッフが思い思いに自分のお気に入
りのトミー・バハマのアロハを着ている。その姿を眺めていると，アロハシャ
ツ，特にトミー・バハマの魅力を再認識させられる。最近，オアフ島のカラカ
ウア大通りにトミー・バハマ・カフェをオープンした。

写真３－９　トミーバハマ

（筆者撮影）

写真 3 - 10　シグ・ゼン

(筆者撮影)

② シグ・ゼン

　シグ・ゼンは，ハワイ島のヒロの津波博物館に隣接するアロハ店である。デザイナーのシグと妻のナラニ・カナカオレは自分たちの知っている植物などの魅力を伝え，共有する手段としてオリジナルのテキスタイルを使用してシグ・ゼンを開業した。植物をデザインしたシャツが多く，だれが見てもシグ・ゼンとわかる。ハワイ州知事や市長も愛用している。1デザインにつき1回，80枚しか作らず，販売数は追わないことや，またハワイ島でしか原則買えないという不便性が逆に価値を高めている。

③ コナ・ベイ・ハワイ

　店のオーナーの木内九州生（くすお）＝通称KCは，50年代のビンテージアロハシャツを400着，個人的に所有していることでも知られる。ビンテージアロハを復刻させて自分の店，コナ・ベイ・ハワイで販売している。基本は日本で生地を仕入れ，ハワイで裁縫している。抜染という染め方が使われている。

　アロハ黄金期の人気のアロハシャツの99％がこの抜染方法を駆使していた。

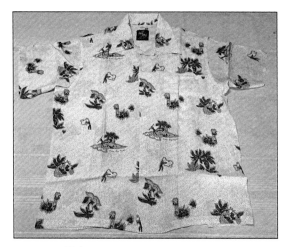

写真３－11　コナ・ベイ・ハワイ

（筆者撮影）

技術もコストもかかり，仕上げるには日本繊維が必要だった。したがってコ
ナ・ベイ・ハワイでは，日本の生地を今も使う。店には映画「地上より永遠
に」の中でアロハシャツを着たモンゴメリー・クリフトの写真が飾られ，アロ
ハの歴史を語るうえで双璧と言われる不朽の名作アロハ柄，「ダイヤモンド・
ヘッド」と「Land Of Hawaii」をモチーフにしたアロハシャツも売られてい
る。図書のコーナーがあり，アロハシャツに関係する貴重な書籍が集められて
いる。最近，放送されたテレビ番組の中で KC 氏は「アロハシャツは着るのも
楽しいが，見るのも楽しい。」と語っている。

第４節　アロハシャツの不思議な魅力

１．映画を通して知るアロハシャツ

　アロハシャツの魅力は映画からも知ることができる。まず，アロハシャツの
印象的な映画となると 1953 年に公開された「地上（ここ）より永久（とわ）に
（From Here to Eternity）」だろう。この映画はアロハシャツをハワイだけでな

く米本土に広げたという意味でも画期的な映画である。その年のアカデミー賞を8部門で獲得した名作である。アロハシャツを着たモンゴメリー・クリフトの美形の横顔が印象的な映画である。また，主人公だけでなく，主人公の敵役もアロハシャツを着て登場する。さらに，悲しいシーンでは，前半とは色合いがまったく異なるものを着用して登場している。このようにさまざまな場面に応じて登場するアロハシャツは，その時の状況や気持ちを代弁していて，もう1人の主役と言ってもよいのではないかと思われる。

　さらに，映画「ブルーハワイ」のプレスリー，「スカーフェイス」のアル・パチーノ，「エースベンチュラ」のジム・キャリー，「カクテル」のトム・クルーズもアロハシャツを着用している。最近の映画では「ワンス・アポン・ア・タイム・イン・ハリウッド」のジョニー・デップの黄色いアロハシャツも印象的である。アロハシャツは映画にアクセントを与え，着ている人を印象的にする。さらに，映画 Air（エア）（2023年公開）では，マット・デーモンは常にラフな格好で，上司のロブ・ストラッザー（ジェイソン・ベイトマン）はほとんどがスーツである。しかし，ある休日に誰もいない会社で2人だけで会う場面がある。そこでは上司であるロブがアロハシャツを着て登場し，珍しく個人的な話をし始める。アロハシャツを着ていることで，リラックスしている様子が推測でき，彼が心の緊張を解いていることがわかる。アロハシャツは心の緊張を解く作用もあるのかもしれない。このように，映画の中でもアロハシャツは，着ている人の心や状態を表し，それは観ている人にも伝わるのである。

2．ハワイで着るアロハシャツの魅力

　日本人旅行者にとって，ハワイは海外挙式の聖地になった。それは，ブライダル情報誌，ゼクシーが2018年に実施したアンケート「海外挙式の人気エリアランキング」で，ハワイは2位のグアム（12%）を大きく引き離し，第1位（68%）であったことからもわかる。ハワイの挙式では，参列者がアロハシャツやムームーを着ることが多い。それはアロハシャツが嬉しさや楽しさを式に加えるからであり，着るアロハシャツの種類によっては特別な日の感じを演

出できるからである。近年，ハワイの挙式で変わったことといえば，以前は父親はスーツで臨席する場合が多かったが，今はアロハシャツで参列するようになってきたのである。父親がハイビスカスのアロハシャツで花嫁の横に並ぶのは，ハワイの景色に溶け込んでいる。アロハシャツは娘を嫁がせる「花嫁の父」の寂しい気持ちを元気づける不思議な魅力も持っている。

3．日本でもアロハシャツを着用

　すかいらーくグループが新しい形の店舗を導入し，売り上げを伸ばしている。それは，「ラ・オハナ」と呼ばれるハワイ型の店舗である。ドアーの脇の壁にサーフボードを配し，店内にはハワイアンミュージックを流し，プルメリアなどの芳香が漂う。そこでは，ハレイワのフリフリチキン，カフクのガーリックシュリンプ，パンケーキなどのハワイの名物料理を提供している。スタッフはアロハシャツを着用し，ハワイのイメージづくりに一役買っている。また，池袋の東武デパートにはハワイの揚げパン「マラサダ」を販売しているハワイアン・スイーツ・カンパニーがあり，アロハシャツを着た従業員が販売を行っていた。ハワイ自体が場所としてのブランド力を持っており，アロハシャツは「プレース・ブランディング」としての重要なイメージづくりに大きな役割を果たしている。

　さらに，地方都市の役所で夏，アロハシャツを着て働いているところが増えている。たとえば，鳥取県旧羽合町（現・湯梨浜町），旧町名が「はわい町」であったことから，7月から8月末まで職員はアロハシャツを着て市民に対応している。さらに，鹿児島県指宿市，和歌山県白浜市そして神奈川県茅ヶ崎市のそれぞれの市役所では，6月から8月末まで職員がアロハシャツを着用している。とりわけ茅ヶ崎市はホノルル市と2014年に姉妹都市提携を行っている。市役所の職員たちがアロハシャツを着用するのは，市民に対してやさしさを伝え，市民との距離感を縮め，相談しやすさを創る目的があるからである。

4. アロハシャツが私たちに与えてくれるもの

「今，旅に求めるものは？」というアンケートを実施すると，かつてなら「感動」が上位にきたが，今は「安らぎ」，「癒し」，「リラックス」が上位にくる。日常のストレスから解き放されたいのである。ハワイ旅行で長い飛行時間ののち，空港でガイドがアロハシャツを着て笑顔で出迎えてくれただけで，どこかほっとして「ああ，ハワイに来たんだ」と思える。そしてハワイの持つ温かさ，ゆっくりした雰囲気をアロハシャツが伝えてくれる。きちっとしたユニフォームは，安心感は伝えても「安らぎ」，「癒し」，「リラックス」は伝えない。

アロハシャツを着てハワイに来る日本人観光客がいるが，ハワイで買い求めてアロハシャツを着る人もいる。とにかくハワイでアロハシャツを着る人が増えた。民族衣装をこれほど積極的に着る観光地はそれほどない。アロハシャツは日本での縛りやストレスを脱ぎ捨て，安らぎを与えてくれるとともにハワイに溶け込ませてくれる。いい意味で，他の観光地を訪れた時に感じる緊張感を消してくれることに，アロハシャツは一役かってくれている。このように，アロハシャツは，ハワイに引き付けるブランド力，人の心を軽くさせ安らぎを与える力などが備わっているに違いない。

第3章では，アロハシャツの原型は日本移民の着ていたパカラであり，日本の染物師の高いレベルの技術が黎明期のアロハシャツづくりを支え，日系移民の女性のお針子が安定的生産を保ち続け，アロハシャツをハワイの主要産業に導いたことを明らかにした。また，アロハシャツを積極的に広めることに"サーファーの神様"と呼ばれるデューク・カハナモクの精力的行動があり，アロハシャツを職場や公的場所で着られるように運動したのはハワイ商工会やハワイファッション協会であった。さらに，映画でもアロハシャツは多くの人に愛され，着用されていた。しかし一番の要素は，「風土は生活・文化を創る」というが，ハワイの風や温暖な気候が，その気候にぴったりのアロハシャツを創り，このアロハシャツを着る快適さがみんなの支持を得たのである。アロハシャツはハワイ観光の原動力であり，財産である。

引用・参考文献

CLASSIX MEDIA（監修）（2016）『VINTAGE ALOHA BOOK：ビンテージ・アロハのすべて』CLASSIX MEDIA

ニック加藤（2005）『ニック加藤のハワイアンシャツ』河出書房新社

ワールドフォトプレス（2001）『アロハシャツの真実：Master of Hawaiian Shirt』ワールドフォトプレス

Hope Dale with Gregory Tozian（2016）『The Aloha shirt: Spirit of the Islands』Patagonia

Steele, H. Thomas（1984）『The Hawaiian Shirt: Its Art and History（Recollectibles）』Abbeville Press

参考 URL

ハワイアン・シャツの歴史

　https://therakejapan.com/special/the-history-of-the-hawaiian-shirt/

　（2023 年 6 月 29 日参照）

Reyn Spooner の伝統　https://reynspooner.jp/about/（2023 年 6 月 29 日参照）

ゼクシー「海外挙式の人気エリアランキング TOP10」

　https://www.weddingnews.jp/magazine/80317#TOP10（2023 年 6 月 10 日参照）

第4章
日本におけるサーフィンの発祥とその魅力

　東京2020オリンピックで正式競技種目として採用された「サーフィン」はサーフボードで波に乗り，大自然の力を体感できるスポーツである。競技だけでなくリフレッシュを含むレジャーとしての性格の強いものだ。サーフィンがハワイで誕生したことは良く知られているが，その歴史には紆余曲折があり，時代とともにこのスポーツと人々の接し方が変化していく様子は，時代背景を映し出していてとても興味深いものだ。ハワイから世界へ広まったサーフィンが，日本へ伝わった過程を調べていくと，日本にも独自の波に乗る文化があったこと，ハワイの観光の魅力としてサーフィンが伝えられたこと，さらに戦前からハワイの木製サーフボードが茅ヶ崎で使われていたことがわかる。そこで，この章では，日本におけるサーフィンの発祥とその魅力について明らかにすることで，日本とハワイの深い繋がりについて考えてみたい。

第1節　サーフィンの起源とその広がり

1．サーフィン誕生の地（ハワイ）

　サーフィンはポリネシア一帯で誕生したとされる。諸説あるが，アフリカ西海岸や南米西海岸，東南アジアでも波に乗る遊びは古くから行われている。海での漁労を行ってきた地域では舟が岸へ戻る際には波の力を使うなど，必然的に波に乗るという行為を知っており，それが舟以外でも波に乗るということに発展していったと考えられる。

　その昔（紀元前4000年頃から）人類は東南アジアからポリネシアへ移住していった。人類が移動する中で，東南アジアで行われていたであろう波に乗ると

いう行為は，より海と密接な生活を送る必要があったポリネシアで，波乗りという古代のレジャースポーツの文化へ発展していったのではないだろうか。そして今から1500年ほど前にハワイ諸島へ人類がたどり着いてから，波乗りの文化はハワイでさらに洗練され，伝統として継承されてきた。ハワイやポリネシア以外の地域では腹ばいのまま波を滑る波乗りであったが，この地域では長い木を使って立ち上がって波に乗るサーフィンへと進化していったのだ。

　ひとたび良い波が来れば，人々は仕事の手を止めサーフィンをしに海に向かう。そして夢中になって波を滑り，遊び楽しむのだ。波が大きくなれば王族も果敢に乗りこなす。大きな波に乗れる技術と勇敢さこそが王族の権威の象徴の一つでもあった。サーフィンが生活の一部として育まれてきたのがポリネシアの中でもとくにハワイである。

　ハワイ語で波乗りのことは，ヘエ　ナル（He'e Nalu）と呼ぶ。波乗りにも，乗る道具によって，言葉に区別があった。サーフボードは波に乗る板という意味のパパ　ヘエ　ナル（Papa He'e Nalu）と呼ぶ。波乗りの種類としては，サーフボードを使わず体だけで波に乗るカハナル（Kaha Nalu），現代のボディーボードのような短い板に腹ばいで波に乗るパパ　リィリィ（Papa Li'ili'i）もしくはパエポオ（Pae Po'o），またアウトリガーカヌーでの波乗りパカカ　ナル（Pākākā Nalu）などがあった。このようにさまざまなスタイルでハワイの人々は波乗りをしていた。

　サーフボードの材料として，ハワイのコア（Koa）「アカシア」やウィリウィリ（Wiliwili）「ハワイデイゴ」といったハワイ固有の木が使われていた。サーフボードを作るためには，木を伐採する前に供え物をしてから行うなど，サーフボードを作ることは，神の宿る自然の恵みを尊重するハワイアンの神事に近いものだった。

　長さが5mを超えるような王族の使うサーフボードはオロ（Olo）と呼ばれ，2.5mくらいのものはアライア（Alaia），もっと短く腹ばいで乗るものは上述のパパ　リィリィ，パエポオだ。王族が使用するオロは非常に重く，持ち運びも大変であるが，大きな波に乗るためには長さのあるサーフボードが必要であ

り，サーフボードの長さも権威の象徴であった。

18 世紀後半，ハワイ諸島にやってきた西洋人は，ハワイの人々がサーフィンする様子を目の当たりにした。キャプテン・クックの航海記の中では次のように観察されている。

> 「このような高度なそして危険な技をやってのけるハワイアンたち・・・。そしてその時彼らが見せる大胆さと身のこなしは，まさに驚嘆に価する。」(F. Hemmings 1997)

西洋人には神業のように見えたサーフィンだったが，19 世紀前半にはハワイの政治的な変革により社会習慣や生活様式が変化したことや，アメリカ東海岸から宣教師がやってきたことにより，古代より継承され，生活の一部だったサーフィン文化は存亡の危機を迎えることになる。

ほぼ裸に近い恰好で行う波乗りは野蛮で，時間を浪費する怠惰で無駄な行為として認識され，こうした道徳的価値観の変容によりだんだんと波乗りをやる人が少なくなり，19 世紀後半にはほぼやる人がいなくなってしまったのだ。

2．サーフボードの復活

途絶えかけてしまったサーフィンは，ハワイ文化の再興を唱えたカラカウア (D. Kalākaua) 王の時代から少しずつ息を吹き返し，20 世紀の初頭になると完全なる復活を遂げることとなった。さらにハワイにとどまらず，世界にむけて発信され広まっていくこととなる。

1885 年の夏，カリフォルニアのサンマテオに留学をしていた，カワナナコア (D. Kawānanakoa)，ケリアホヌイ (E. A. Keli'iahonui)，カラニアナオレ (J. K. Kalaniana'ole) のハワイの 3 人の王子たちはサンタクルーズの海岸で，自らサーフボードを作りサーフィンを行った。これがアメリカ合衆国・カリフォルニアで初めて行われたサーフィンだ。そして 1890 年にはカワナナコア，カラニアナオレの 2 人はイギリスに滞在し，イーストヨークシャーのブリドリントンでサーフボードを作り，サーフィンを行った。アメリカ，イギリス両国にハワイの王族によってサーフィンが伝えられたが，両国ともここからすぐにサーフィ

ンが定着することはなかった。

　ハワイ王国の時代が終焉を迎え，アメリカ合衆国の準州となり，1900年代になると，サーフィンをする人の数が少しずつ増えていくようになる。この時代にはサーフィンのレジェンドが存在していた。

　ワイキキに滞在していた作家ロンドン（J. London）のサーフィンを「ロイヤルスポーツ」とたたえた記事が世界に発信され，ハワイでのサーフィンの様子が世界へ広まったことはとても反響の大きい出来事だった。その記事中には，「足元は泡立つ波に埋もれているが，水しぶきで見えない足をのぞけば身体の他の部分はすべて空中に出ている。陽光をあびて輝きながら，波とともに飛ぶように滑っていく。いわば，ローマ神話の守護神メルクリウス，つまりマーキュリー，褐色のマーキュリーだ。」（F. Hemmings 1997）と記載された。この褐色のマーキュリーのモデルとなったと信じられているのが，ワイキキでサーフィンをしていたフリース（G. Freeth）だ。彼は1907年にカリフォルニアのレドンドビーチでサーフィンを行い，1914年には新設された観光桟橋のハンティントンビーチピアのこけら落としのセレモニーでエキシビションとしてサーフィンをしたことで知られる。

　さらに近代サーフィンの父として知られるカハナモク（D. Kahanamoku）はクヒオビーチに銅像があるハワイの伝説的なヒーローで，サーフィン界の偉大なるレジェンドである。カハナモクは水泳選手として1912年のストックホルム，1920年のアントワープ，両オリンピックの100m自由形で金メダルを，さらに1924年のパリオリンピックでも銀メダルを獲得し，輝かしい成績を残す一方，1911年には仲間たちと水泳，サーフィン，アウトリガーカヌーといったウォータマンのクラブ，フイナルを設立した。フイナルに先立ち，1908年にはアウトリガーカヌークラブが設立されており，ウルニユークラブという女子部門のクラブも存在した。これらのクラブの存在はハワイの伝統を守り継承し，ワイキキのサーフィン復活には欠かせない存在であった。水泳の選手として世界各地に赴き，サーフィンのデモンストレーションをして見せたカハナモクは，1912年にカリフォルニアでサーフィンを行った。ハワイの3人の王

子たちがサーフィンを伝えてから四半世紀後のことである。そして 1914 年から 1915 年にかけオーストラリア，シドニーのフレッシュウォータビーチで波に乗り，ニュージーランドでもサーフィンをやってみせた。

　こうして一度は消えかけたサーフィンの灯は，20 世紀に入るとともに，完全に息を吹き返したのである。フリースやカハナモクによってサーフィンがハワイから他の地域に広められていく中，客船によってハワイへやってくる人々がワイキキでのサーフィンを見物し，そして体験することにより，そこからまた世界へハワイのサーフィンが伝播していった。

　20 世紀のサーフィンが復活しはじめた時代から現代まで，サーフボードの材料は変化してきている。コアやウィリウィリが使われていたが，20 世紀になると北米から建材として輸入が盛んになったレッドウッド（セコイヤ）が使われるようになった。カハナモクの時代，レッドウッドのサーフボードは「プランク」（厚板）と呼ばれた。1930 年代になると，ブレイク（T. Blake）によってサーフボード内部が中空のホロウサーフボードが開発され，40kg 以上あった「プランク」から軽量化が図られたことは非常に画期的であった。1932 年にブレイクは「将来，サーフボードは世界中に広まるだろう，そしてサーフボードというアイデアを与えてくれたのは，間違いなくハワイアンだ。かつては全く知られていなかったサーフィンが，カハナモクやビーチボーイ達によって，失われた芸術から救われ広く普及した。サーフィンは世界中の若者に健康と喜びを与えてくれるだろう。」（F. Hemmings 1997）と記した。

　1950 年代に入ると，より軽量の木材であるバルサの木が使われるようになり，さらに 1950 年代後半になるとポリウレタンでサーフボードの形を作り，それをガラス繊維とポリエステル樹脂によってコーティングした石油製品となった。これが現在まで一般的に使われている。

第2節　日本におけるサーフィンの発祥

1．海水浴文化の幕開けと板子による波乗り

　ハワイから世界へ広まっていったサーフィンだが，日本に伝わる以前に波に乗る文化が日本には存在していた。

　日本の波乗り発祥の地とされているのは山形県鶴岡市の湯野浜海岸で，1821年（文政4年），酒田の俳人，独楽庵寛理（どくらくあん　かんり）が湯野浜で湯治をした際の日記「湯の浜湯治紀行」の中に，「瀬のし」と呼ばれた一枚板を使って腹ばいで波に乗る様子が記録されている。

　「この辺の12，3歳の子供たちが10人ばかり，手に手に船の板をもって，荒波の中へ飛び込んで沖へ沖へと乗り出していく。沖へ出たかと思うと今度は波に乗り，岸に向かって戻ってくる。その早いこと矢のようである。これを何回も繰り返している。」これが，文献上の板子乗りと一般的に呼ばれていた日本での波乗りに関する最古の記録である。

　1885年（明治18年）になると，日本で初めて神奈川県大磯町に海水浴場が開設された。大磯に海水浴場設置を提案したのは，初代大日本帝国陸軍軍医総督の松本順である。松本は幕末に長崎でオランダ軍医ポンペ（J. Pompe）に師事し，西洋医学を学んだ。蘭書の中で海水浴の効能を知った彼は，病気治療や健康増進のために海水浴を推奨した。当時は「うみみずゆあみ」と呼ばれた海水浴は海中の岩場に鉄の棒をうちつけ，その棒につかまり一定時間浸かっているという潮湯治であり，現在の海水浴とは随分趣の異なるものだった。

　大磯では歌舞伎役者を招待するなど積極的なPRを行い，健康法の一種だった海水浴は評判を呼ぶこととなり，1887年（明治20年）の東海道線大磯駅の開設とともに海辺の閑村は海水浴場のある保養地（リゾート）として変貌を遂げる。海水浴客は，当初は旅館宿泊者や近隣の別荘滞在者がおもだった。

　大磯での海水浴場の成功をもとに，日本各地で海水浴場開設は相次いで広がった。そして明治期後半から大正にかけてレジャーとしての海水浴が徐々に庶

写真4－1　茅ヶ崎海水浴場　板子乗り　波乗り
(1914年ポストカード)

民にも浸透し，日帰り客も増えていった。そのレジャーの要素の一つとして注目されたのが，子供たちが波に乗る遊びの「板子乗り」である。

　当時使われていた板子の寸法は長さが45cm〜90cm，幅30cm，厚さ2〜3cmのもので，海水茶屋と呼ばれた現在の海の家で貸し出していた。海水茶屋のなじみ客が企業の宣伝が塗装された板子を海水茶屋に寄付するなど，広告宣伝の一つの形として利用された。さらに1909年（明治42年）には大磯で板子乗り競技会が開催されたという記録もあり，波乗りが広く定着していたことがうかがえる。波乗りに熟練したものは，板子なしで，体一つで波に乗ることもできた。ボディーサーフィンと今では呼ばれているが，当時は「素乗り」と呼ばれていた。

　1914年（大正3年）に出版された水泳技術の体系的な指導書『遊泳法と其實際』（津崎亥九生著）の中の遊戯という項目では「濤乗（なみのり）には，浅瀬にて乗るものと，底深き所よりするのとの二種類がある。浅瀬にて乗るには，濤頂が凡（およそ）一間位の後方に来た時に足尖にて水底を蹴って足尖と濤頂に

入れ両臂（うで）を前方に伸ばして蹩脚（ばたあし）を急速に行ひ，充分に濤に乗り切れたる時に蹩脚を止めて之を伸ばし，濤頂と共に進退するのである。板子を使用する時は使用せざるに比して容易に乗ることが出来る（以降略）」と記載され，波乗りの方法が説明されている。その他，同年に出版の『新式遊泳術独習』（石橋著）や，1924年（大正13年）出版の『水泳 日本体育叢書；第12篇』（佐藤著）などの水泳の教本によると，板子は波乗りの用具だけでなく，現代のビート板と同じ目的の水泳練習用具としても使用されていた。こうして板子を使っての波乗り，板子を使わない素乗りは，海水浴の普及や水泳教育の普及とともに日本各地へ広まっていき，日本独自の波乗り文化が形成されていった。しかし日本には，板の上に立って波に乗るハワイのサーフィンに相当するものは存在しなかった。

2．ハワイからサーフィンが伝わってきた時代

ハワイでは，1900年代に入るとワイキキのリゾート開発が進んでいき，欧米の大富豪が客船でハワイを訪れるようになった。1924年ハワイツーリストビューロ（Hawaii Tourist Bureau）発行の観光パンフレット「HAWAII fine anytime」（写真4－2）は英語表記のもので，表紙には色鮮やかなワイキキでのサーフィンの様子が描かれ，サーフィンをしている写真も使われていることから，サーフィンがハワイの特筆すべき見どころであることを物語っている。

日本では，1896年（明治29年）より，東洋汽船会社の桑港（サンフランシスコ）航路が布哇（ハワイ）経由で就航しており，当時の日本人の乗船客はハワイが目的地の者もいたが，ほとんどが北米へ向かい，桑港から鉄道でアメリカ東海岸へ渡り，そこからまた船に乗りヨーロッパへ向かう者が多かった。そして客船がホノルルに滞在するのは燃料や水を補給し，貨物を積み下ろす半日程度であった。ハワイの移民局の黙認もあり，船からの上陸は許されており，自動車を使っての短時間での名所めぐりが観光の主体だった。

1920年代にはいると，日本人向けの観光案内にもサーフィンが日本語で取り上げられるようになった。たとえば，日本人向けの観光自動車会社「いろは

写真4－2　観光パンフレット
（ハワイツーリストビューロ発行）

写真4－3　桑港航路案内（1927年）表紙
（日本郵船）

写真4−4　ホノルル案内パンフレット
（アアラ自動車）

自動車立場」のパンフレット（1923年）には「波乗り遊び　戸板に似た長方形
扁平の上に乗り白波を利用して沖から渚まで走るので布哇特有の遊戯でワイキ
キ海岸で見る事が出来る。」とサーフボードを知らない当時の日本人向けに独
特の表現で説明された。

　そして1927年に東洋汽船会社の桑港航路を引き継ぐことになった日本郵船
会社は，「桑港航路案内」を発行する。この表紙には，ワイキキでのサーフィ
ンの様子とヌアヌパリの風景が描かれた。この航路案内の布哇見物という項目
でサーフィンについての記述がなされ，同時期に日本郵船会社に承認された観
光自動車業者であるアアラ自動車組合の発行した「ホノルル案内」にも，サー
フィンしている写真や絵が使われるようになった。

　1934年（昭和9年）に，日本郵船会社は「布哇案内」を発行する。それは，
桑港航路と南米西海岸航路の乗船客向けに配布された。その「布哇案内」には
ハワイの観光についてだけでなく，歴史やその当時の政治，産業，日本移民や

漂着民の歴史について80ページにわたって詳細に記載がある。また，その布哇案内にはホノルル名物の波乗りの写真が掲載され，サーフボードのレンタル料金等について記載があることから，日本人も半日程度の一時的な滞在から長期的な観光滞在者が増えてきたことがわかる。「ワイキキの海水浴場は，これまた汎く（ひろく）人に知らるるところで，同所の波乗りは一名物たるを失ひません。自動車又はワイキキ行電車で容易に行けます。海水浴場では水泳著，タオル等三十五仙で貸して居ります。波乗り板の貸料金は一日一弗であります。」（日本郵船会社　布哇案内）

　1929年にホノルルで，カナダ，アメリカ，ニュージーランド，オーストラリアなど太平洋の国々から女子選手が集まった汎太平洋女子オリンピックという水泳大会が開催された。日本からは前畑秀子（ベルリンオリンピック金メダリスト）らの女子選手数人が参加した。その水泳大会のことを，ハワイ報知新聞（1929年8月2日号）では，次のように伝えている。「本日から毎日日米両選手とも午前午後の二回に亘りワイキキ戦争記念水泳場で正式に猛練習を行ふ予定であるが本日午後は特にウルニユー倶楽部の波乗りパーチーに招かれてゐるので波乗りに興ずる筈である。」　ウルニユー倶楽部は上記1－2で説明した女子のアクアティックスポーツのクラブで，大会開催地のホストとして選手の交流のために波乗りを楽しむ会を開催したのである。前畑ら日本人選手はワイキキで各国選手とサーフィンを体験し，大会前の緊張の中，つかの間の一息をついたことだろう。

　こうしてハワイのサーフィンは，ハワイ観光の目玉としてパンフレット，書籍，写真集，絵葉書などで日本人の知るところとなった。また数は少なかったが現地でサーフィンを経験した日本人もいたことにより，ハワイのサーフィンは日本に伝わってきたのだ。

3．サーフボードと茅ヶ崎
　茅ヶ崎の海水浴場が開設されたのは1898年（明治31年）で，東海道本線の茅ヶ崎駅の開業と同じ年であった。その翌年，1899年（明治32年）に茅ヶ崎館

という旅館が開業する。湘南ではすでに大磯，藤沢の鵠沼，鎌倉の由比ガ浜といった海水浴場が開業し保養地として賑わっていたが，茅ヶ崎は後発であったことと，波がやや荒く水泳の練習などには不向きな日も多く，当初，海水浴客の誘致では後塵を拝していた。

茅ヶ崎館の初代館主森信次郎は，三菱汽船会社（その後の日本郵船会社）の御用船の機関長で，船乗りだったが，50歳を過ぎたころ旅館を開業した。とてもアイデアマンであった彼は茅ヶ崎の観光の活性化のため貢献し，海水浴場での花火大会の開催に尽力するなどした。1923年（大正12年）の関東大震災の後，息子の森信行が2代目館主となる。信行は当時としても珍しい真っ赤なオートバイであるインディアンをサイドカーつきで乗り回し，大正のモダンボーイだった。そしていわゆる乗り物狂で，茅ヶ崎町で最初に自動車を手に入れたのも彼だった。車だけでなく，とにかく新しいもの好きで，世の中にラジオが市販される前に自分で造り組み立てていたそうだ。

1927年（昭和2年）7月14日横浜貿易新報（神奈川新聞の前身）の記事によると「広大なる無料更衣所，ポンプを以て井戸水をタンクに入れ紐を引けば淡水瀧の如く下る水浴場，婦人化粧室，跳台，オランダ籠，移動ベンチ，辷り台（すべりだい），ブランコ，輪なげ，角力場，布哇式波乗板等は浴客をして自由に使用せしめ（以下略）」と記載されている。茅ヶ崎の海水浴場海開きに際して，集客のために設備を整えいろいろな趣向をこらしている様がうかがえる記事だが，この中の貸し出されているという布哇式波乗板（はわいしきなみのりいた）がまさにハワイから1927年に輸入された日本で一番古いサーフボードだ。これは現在も海水浴場に近接する旅館「茅ヶ崎館」に飾られている。

当時の新田茅ヶ崎町長が1926年に海外視察をした際にハワイでサーフィンを見たこともあり，この茅ヶ崎館の初代と2代目がサーフボードを輸入し，海水浴場で貸し出していたということだ。

彼らは泳ぐには波が荒いというデメリットを逆手にとり，板子乗りが遊戯として定着していた海水浴場で，世界で知られ始めたサーフボードをハワイから取り寄せ量産しようとしていた。そして茅ヶ崎海水浴場の新しい目玉になるだ

写真4－5　茅ヶ崎館サーフボード写真
（所蔵 個人・提供 茅ヶ崎市）

ろうと期待に満ちていたはずだ。がしかし実際のところ，サーフィンが定着し
て大流行というわけにはいかなかったのだ。それは，当時のサーフボードによ
るサーフィンが茅ヶ崎の波には適さなかったからである。このプランクと呼ば
れたサーフボードは重量が40kgもあり，現代の同じ長さのサーフボードより
5倍くらい重く，板子乗りに比べて手軽ではなかった。さらに，ハワイのワイ
キキのゆっくりと崩れる形の乗りやすい波に比べて，茅ヶ崎海岸の波の斜面は
急峻で，崩れ方の早い波であり，波の条件的にも当時のサーフボードは茅ヶ崎
では使いづらいものだった。

　ハワイからサーフィンのできる人間がデモンストレーションをしたことで
サーフィンが伝わったカリフォルニアやオーストラリアといった地域と異な
り，サーフボードとわずかな情報だけがやってきた茅ヶ崎では，板子乗りから
ハワイのサーフィンへの移行は起きず，サーフィンへの憧れだけが漠然と残っ

た。その後1940年代に向かい戦争の時代へ突入すると，海水浴での娯楽は行われなくなっていき，茅ヶ崎館のサーフボードは旅館の庭のベンチとして使われていくことになり，サーフボードの存在は静かに忘れ去られていった。

　戦後の米軍の駐留により，米兵によって1950年代からサーフボードは日本に持ち込まれた。素材の変化や形状の進化を遂げ，軽量で操作性の良くなった戦後のサーフボードは茅ヶ崎館の輸入したサーフボードとは格段に異なる物であった。一方，戦前盛んに行われた板子乗りも，新たに登場したエアーマット（空気で膨らませる浮き具）での波乗りへと移行していった。エアーマットで波乗りをしていた少年たちは，米兵のサーファーからサーフィンを教えてもらい，湘南や外房を中心に広まり，次第に日本各地へ伝わっていった。

　そして茅ヶ崎で育った俳優，歌手である加山雄三が出演する映画「ハワイの若大将」（1963年公開）では，ハワイでサーフィンをするシーンが映し出され，その後の映画「リオの若大将」（1968年公開）にもサーフィンは登場した。加山がサーフィンするシーンが登場した1968年のコカ・コーラのテレビCMでは茅ヶ崎で撮影が行われ，有名人が楽しむサーフィンは若者の新しいスポーツとして世の中の脚光を浴び，憧れの対象となった。

　サーフィンが広まると，1970年代から湘南ではサーフショップが多く誕生し，サーフィン産業も盛んになった。茅ヶ崎では日本初のサーフィン用ウェットスーツ「ビクトリー」が誕生するなど，サーフボード工場も多くあったことで，サーフィンポイントとしてだけでなく，サーフィン産業においてもメッカとなった。これが戦前にサーフボードが伝わってきたことと関係があったのかといえば正直偶然であると思えるのだが，湘南の他の鎌倉や藤沢と違い，観光地としてのネームバリューはまったくなく，何か新しいものやことで人を呼び込みたいという茅ヶ崎の土地柄と，サーフィンに適した海岸だったことを考えると，偶然ではあったが必然なことであったのかもしれない。

　1970年代の後半頃からサーフィンのプロモーションやコンテストを通して，世界各地のプロサーファーが茅ヶ崎を訪れることとなった。とくにハワイのプロは茅ヶ崎に多く訪れたが，彼らの1人が茅ヶ崎館へ宿泊した際に，庭のベン

チがとても貴重な昔のハワイのサーフボードであることに気づいた。現在は旅館内に日本初のサーフボードとして展示してある。

　ハワイからサーフボードが伝わったことや，サーフィンを通じて茅ヶ崎とハワイのサーファーの交流が活発であったことが，2014年の茅ヶ崎市とホノルル市郡の姉妹都市締結への後押しとなった。

第3節　サーフィンというスポーツの楽しさと魅力

　第1節でサーフィンの起源とその広がり，第2節で日本におけるサーフィンの発祥について明らかにしてきたが，このように人々に愛されてきたサーフィンというスポーツの楽しさと魅力，さらにはサーフィンによって得られるものにはどのようなものがあるのであろうか。それらについて，第3節で明らかにしたい。

1．サーフィンというスポーツの楽しさ

　サーフィンというスポーツの楽しさとは何か？　それは，第一にスピード感や爽快感を感じることができることである。海岸に行って波のあるところなら，颯爽と波に乗るサーファーを見かけたことがあるかもしれない。波打ち際からサーフボードに腹ばいになり，両腕で漕いで沖合に出ていって，白く崩れ落ちる波の斜面をサーフボードの上に立ち上がって，岸に向かって波とともに滑ってくる。慣れたサーファーなら波に応じてスムーズで滑らかに，そして時に力強くパワフルに，自分の描きたい曲線をサーフボードに乗って滑ることが可能だ。

　波に乗っている間は，頭の中は真っ白で何も考えることができないくらい夢中になり，海の上を滑る時のスリリングなスピード感や爽快感，そしてまるで空を飛んでいるような浮遊感はとても気持ちが良く，とにかく楽しいもので，一度サーフィンを体験した人を虜にしてしまう。

　第二に，同じ波は一つとして来ないという変化に富んでいることである。

サーフィンは波が起きないと行えないスポーツだ。波は，海に風が吹きつけ空気と海面が摩擦を起こすことで発生する。強く，長く海上を吹いた風によってできた波はうねりと呼ばれ，海を長い距離伝わっていき，岸に近づいて海底が浅くなってくると，うねりはぐっとせり上がり波の形になっていき上方から前方へ白く崩れ落ちる。ゆっくりと緩やかに崩れる波もあれば，チューブと呼ばれる波のトンネルができる急に掘れ上がるような波もある。

　サーフィンはうねりの大きさ，そしてその場所の底が砂であったり，岩場やサンゴ礁だったり，玉石といった海底の地形，またその時間の風向きや潮流の影響，満潮干潮といった潮の満ち引きなど，天気や自然条件によって毎回異なり，同じ波は一つとして来ないとよく形容されるほどだ。二度と遭遇することがないであろう波にタイミングを合わせて乗ることが，サーフィンの楽しさの一つでもある。

2．サーフィンの魅力

　次に，サーフィンというスポーツの魅力について，明らかにしたい。

　サーフィンは自然による偶然の産物である波のパワーを，体を通じて感じとり，底知れぬ快感や興奮を覚え，時には大きくて手に負えないサイズの波に巻かれ，海底に打ちつけられたり，溺れそうになったりと痛みや恐怖さえ感じたりもする。サーフボード１枚と自分の体ひとつで海に出ていくサーファーは，天気の変化や自然現象の変化にとても敏感な人たちというか種族と言ってもいいくらいなのだが，サーフィンをしていると海や自然が勝手に教育してくれるのだ。

　つまり，サーファーは海水の温度が冷たく感じれば，太陽の光が肌を温めてくれ，太陽のありがたさ，偉大さを思い知る。夏の砂浜は素足で歩けないほど熱く，冬の朝夕の砂浜は冷えて足が凍るような冷たさだ。また，サーファーは季節によって太陽の高さが変わり，目に映る海の景色が著しく変化することを知っていたり，季節によって風向きが変わることで海や空気の香りの変化をかぎ分けることができたりもする。

　サーフィンをすることでサーファーは日常と違う時間，瞬間を感じる。人間としての理性を忘れ，野性を思い出す。そして大げさな表現かもしれないが，人間がこの大自然の一部であり，地球の一部であることを体感する。とにかく自然の力を五感で感じとることができるのだ。これがサーフィンというスポーツの最大の魅力である。

3．サーフィンが与えてくれるもの

　サーフィンを始めると，体力がつき生活が健康的になる。サーフィンを体験すると，見た目以上に体力が必要なことにみな気が付くはずだ。リフトを使うスキーやスノーボードと違い，サーフィンは腹ばいになって両腕で水を漕いでいくパドリングをして，自分の力で沖に出ていかないといけないのだ。パドリングがうまくできるようになってくると，身体のバランスも良くなり，だんだんと体力，持久力がついてくるのだ。いい波に乗りたいがために，酒やたばこを止めたり，夜更かしをしなくなるなど生活習慣が変化する人がとても多い。

　さらには心の健康も得ることができる。どんな波に出会えるかとサーフィンに行く前の日から，ワクワク，ドキドキと心が躍る。そして海に一歩足を踏み入れると，目の前に迫りくる波を夢中になって追いかける間に，日常の生活で感じる悩みやストレスを忘れてしまう。さらに波に乗ることで気分爽快になる。サーフィンは気持ちをリフレッシュしてくれるのだ。

　そして海は交流の場を与えてくれる。1人でサーフィンに行っても，サーフィンというものは老若男女問わず世代を超えて同じフィールドで行うので，たくさんの友人ができる。名前は知らないが顔なじみの友人ができ，そこからかけがえのない海の友人が増えていくのだ。

　最後に，サーフィンは成長する喜びを与えてくれる。サーフィンは誰かと点数を競ったり，相手との勝ち負けを決めたりするスポーツではない。自分の中で少しずつ何かができるようになることを純粋に喜べるスポーツである。誰もが幼いころ自転車に初めて乗れるようになって嬉しかった時のように，サーフィンを続けていくと，何度も何度も自分の成長の喜びを感じることができるのだ。

第4節　現代サーフシーンとハワイへの憧憬

　20世紀後半にはサーフィンの関連産業は主にカリフォルニア，オーストラリアにおいて，誕生の地ハワイを超える進化・発展を遂げることとなり，そこからさらに世界へ広まることとなった。21世紀になると，波の起こる海のある国はもちろんのことだが，海のない国や内陸の地域においても，技術の進歩によってできた人口造波装置（ウェイブプール）により，サーフィンは大変ポピュラーなスポーツとなり，オリンピック種目になった。

　競技人口はどんどん増加し，プロサーフィンの世界大会には広く世界から選手が集まる時代となっている。そしてサーフィンをする国が増加していく中，ハワイはワールドカップにおいてアメリカの州でありながら，一つの独立した地域として国と同じように特別に扱われている。これはサーフィンの発祥地へのリスペクトが行われているからだ。このようなリスペクトはハワイのサーフィンの歴史的な経緯によるものももちろんだが，そのサーフィンのできる場所的な環境面によるものも大きく影響している。

　ハワイは太平洋の真ん中に位置し，火山島であることから周囲の海の水深が深く，遠くからやってくる波は，力強く岸に押し寄せることになる。冬は北太平洋のアリューシャン列島付近で猛烈に発達した低気圧から，巨大なうねりが北向きの海岸に押し寄せる。名高いオアフ島のノースショアの冬の波は，その大きさと力強さで世界一であり，各国のトップサーファーが集まり技術や勇気が試される場だ。一方，ワイキキのある南向きの海岸には夏場になると，南太平洋から長い距離を伝わり波がやってくる。ノースショアの波と違い，比較的柔らかい波は多くのサーファーに笑顔や楽しさを与えてくれる。そしてハワイの緯度は貿易風である偏東風が常に吹くことで，西向きの海岸を含め，3方向の海岸に波のコンディションの良くなる風向きを常に与えてくれている。仮にうねりがなくなったとしても，東向きの海岸に行けばこの偏東風による風のうねりが常にある。1年間365日，波乗りができないことがない場所がハワイな

のだ。しかも気温は常に暖かくて過ごしやすく，四季を通して水温も温かい。世界中を見回しても，これほどのサーフィンの楽園が存在するだろうか。

　そしてハワイ出身の日系人サーファーらが，日本とのビジネスやプロモーション活動を行い，両地域の架け橋となり活躍した。日本からはサーフィンの技術向上を試みる多くの若者がハワイでサーフィン修行に挑むこととなり，サーフィンでの交流は深まっていった。

　日本のサーファーにとって，海外でサーフィンしてみたい地域として，ハワイ，カリフォルニア，オーストラリア，インドネシアが人気の中，ハワイがダントツに人気が高い。これはサーフィン誕生の地であるハワイへの憧れと，ハワイを訪れる日本人サーファーにとって親しみやすい日系人サーファーが日本語でガイドするなど，面倒を見てくれたことに起因する。そしてハワイ旅行でサーフィンを初めて体験し，日本に帰国後に本格的に始める人も非常に多い。

　日本で古くから行われてきた「波乗り」という言葉は，ハワイから伝わった「サーフィン」の意味に時代とともに変容していった。そしてサーフィンを通して日本とハワイの関係は現在も非常に深くつながっており，ハワイのサーフィンへの憧れは変わることがない。これは日本人が伝統や，発祥，起源といったものを大切にする価値観によるところも大きいが，同じスポーツを通じての人々の交流の深さによるところが非常に大きいだろう。

　そして，ぜひハワイアンたちがハワイでサーフィンする姿を現地で見ていただきたい。まるで呼吸をするかのごとく，あまりにも自然体でサーフボードに乗り，波と戯れる姿を見れば，日本人がハワイのサーフィンに憧れる，その理由はすぐに納得できるはずである。サーフィンを通した日本とハワイの深い繋がりは，今後も永く続いていくことであろう。

引用・参考文献

茅ヶ崎市（1981）『茅ヶ崎市史第 4 巻　通史編』茅ヶ崎市
ハワイ報知新聞（1929）『1929 年 8 月 2 日号』
ヘミングス，F. 著，金子ゆかり訳（1997）『ハワイアン・サーフストーリーズ』枻出版社

石橋司（1914）『新式游泳術独習』石橋司泳術独習

石坂昌三（1995）『小津安二郎と茅ヶ崎館』新潮社

畔柳 昭雄（2010）『海水浴と日本人』中央公論新社

松浦　章（2014）『或問第 25 号日本郵船会社の桑港航路案内』近代東西言語文化接触研究会

日本郵船株式会社（1927）『桑港航路案内』日本郵船

日本郵船株式会社（1934）『布哇案内』日本郵船

佐藤三郎（1924）『水泳（日本体育叢書；第 12 篇）』目黒書店

津崎亥九生（1914）『遊泳法と其の実際』敬文館

横浜貿易新報（1927）『昭和 2 年 7 月 14 日号』

Finney, B. R. & Houston, J. D.（1996）『Surfing: A History of the Ancient Hawaiian Sport』
　　Pomegranate

Leonard and Lorca Lueras（2000）『SURFING Hawaii』Periplus Editions Ltd.

参考 URL

海洋冒険文庫『スナーク号の航海 26　ジャックロンドン』
　　https://kaiyoboken.com/serial-story/post-222/（2023 年 5 月 10 日参照）
Museum of British Surfing
　　https://www.museumofbritishsurfing.org.uk/british-surfing-history/
　　（2023 年 5 月 10 日参照）
NOBBY WOOD SURFBOARDS
　　http://www.nobbywoodsurfboards.com/#id1（2023 年 5 月 10 日参照）

第 5 章
フラの魅力

　フラを習うまでのきっかけは人それぞれであるが，旅行でハワイに行った際のオプショナルプランにあったフラレッスンに参加して楽しかったからというものが多いというように，今や日本とハワイはフラを通して切っても切れない関係性にあるといえる。日本のフラ人口はハワイのフラ人口よりも多いとされているほど，ハワイの文化であるフラは日本で根強い人気があり，ただの"流行"と簡単には言えないほど浸透している。それはなぜか？　と考えたとき，日本とハワイの共通点に目を向けてみるとわかってくることがある。これはフラだけでなく，日本人がハワイを好きな理由にもなるであろう。そこで，この章では，まず日本とハワイの共通点，文化交流イベントで繋がる日本とハワイ，さらに日本が繋ぐアジア圏におけるフラについて考えてみたい。その上で，フラがなぜ日本で人気なのか，またそのフラが私たちにもたらすものに視点を向けた上で，ケイキ（keiki；子供）フラを通してこれからのフラについて考える。

第 1 節　日本とハワイの共通点とそのつながり

1．日本とハワイの共通点
（1）地理・思想
　地理的に言えば，日本もハワイも太平洋に浮かぶ島である。日本は太平洋側と日本海側という言い回しをするように，日本海と太平洋ふたつの海洋の間にあるが，太平洋の北西部にあたり，太平洋にも面していることから，これもハワイとの共通点の一つとしてみなそうと思う。そして，どちらにも島文化がある。島国である日本の文化の特徴として，自然に逆らわず，すべてを自然の流

れに重んずるという思想を持ち合わせている。現代人には忘れられているかも
しれないが，それは，伝統文化の中に依然存在している。自然を大切にし，自
然とともに生きるともいえるこの思想はハワイの人々も古代から重んじている
ことであり，今もなお日々の暮らしの中で垣間見ることができる。特にフラの
ハーラウ（hālau；教室）ではその要素が強く残っており，しっかりと受け継が
れている。

（2）言　語

　私たちの話す言語は母音で終わるか，子音で終わるかで分類することができ
る。母音で終わる言語は母音が優位であることから，「母音言語」や「母音優
位言語」と呼ばれ，子音で終わる言語は子音が優位であることから，「子音言
語」や「子音優位言語」と呼ばれている。エスノローグ（Ethnologue）によると，
世界では現在 7,168 の言語が存在しているそうだ。こんなにも多くの言語が存
在しているにもかかわらず，母音が優位な言語は日本語とポリネシア語系のみ
である。ハワイ語はポリネシア語系であり，二重母音があるものの，ハワイ語
も日本語同様，母音は a，e，i，o，u の５種類である。

　また，『脳の発見』で日本文学大賞を受賞した角田忠信 医学博士によると，
子音言語を使っている人々は，左脳で言語や理性を司り，右脳では音楽や情感
を司っている。それに対して，母音言語を使っている民族は，左脳が理性も情
感も司るという２つの機能を持っている（船井，1999）という。

　このように言語の系統からみても，脳の機能からみても，日本人とハワイ
の人々の感性が似ている可能性が高いことがわかる。それだけではない。日
本語は尊敬語，丁寧語，タメ語など，どんな場面で，誰に対して話すかによ
って使う言葉が変わるが，ハワイ語にも話す相手の位によって話し言葉を変え
ていたとモロカイ島出身のアレックス・プアアはドキュメンタリー映像 Pono:
Ancient Hawaiian Belief System（2014）の中で語っている。彼の父親はハワイ
語で３種類のダイアレクト（方言）を話していたという。一つは同世代に使うタ
メ語，もう一つは息子のアレックスが兄弟や年長者に対して話す丁寧語，３つ

目はアレックスの父親が兄弟や年長者に対して話す尊敬語があったそうだ。ハワイ語は動きがある言語であり，スピリチュアルな言語である。誰と話すか，話す相手がどこ出身なのか，どんな内容の話なのか，どんな環境での会話なのか，どんなアクセントなのかなどによって意味が変わるため，1つの言葉に4〜10個の定義や言い回しが存在するという。また，ハワイの人々は言葉にはパワーがあるため，単刀直入な話し方はせず，遠回しに表現するという。日本にも"言霊"（ことたま）という言葉があるように，言葉にパワーがあると信じられてきたから，これも日本とハワイの共通点の一つだといえるだろう。

（3）文　化

　一見，ハワイと日本の文化は似ても似つかないと思うかもしれないが，結びつかないだけであって，実は似ているところがいくつかある。ここではまずフラの源流について触れ，その中で日本との類似点について考えてみたい。

　世界各地の多くの先住民族と同じように，その昔，ハワイには文字がなかったため，ハワイの人々に伝わる神話をはじめとする伝統文化，歴史などは口承で残されていた。いつしかそれらが「メレ（mele）；詩」というフォームで残され，「チャント（chant）；詠唱」されるようになり，そして打楽器の伴奏が加わり，やがて「メレ（mele）」に手の動きやステップが加わった振りが付き，今日におけるフラの原形が形成されていった。

　フラには3つの源流があるという。1つは"生殖の踊り"，もう1つは"歴史や文化，伝説をチャントにしてうたいあげ，それを体の動きで表現した踊り"，そして3つ目は"踊り手がチャネリングをしながら大自然の神とつながるスピリチュアルな踊り"があるといわれている（高橋，2012）。

　"生殖の踊り"―ハワイに最初に暮らし始めた人々についてはいろんな説があるが，一般的に，マルケサス諸島からの移住者たちだという説が主流である。海を渡っての大移動は容易ではないため，移住者の人口がそう多くはないことは簡単に想像できるだろう。そんな移住者たちにとって，子孫を残すことは大切なことであり，これはヒトだけに限らず，生き物なら必ずある動物的な

生存本能でもある。そのため，"生殖の踊り"が生まれることはごく自然なことであり，やがて「メレ（mele）」に王族の性器を讃える内容や，子孫繁栄を祈るもの，性愛についてうたわれているものがあるのも不思議ではない。多くの場合，あからさまで，直接的な表現ではなく，ハワイの自然や暮らしに出てくる言葉を使って表現された。そこには「隠れた意味」，ハワイ語ではカオナ（kaona）があった。カオナとは「メレ（mele）」が直接表す言葉の意味とは別の裏に隠されている意味のことであり，言葉が持つ二重の意味のことをいう。例えば，花という言葉「プア（pua）」は家族や恋人など，愛する，大切な人のことを表すことがある。

　"歴史や文化を伝える踊り"―語り継がれているメレの中に，一族の系譜を伝えるものや，王族を讃えるものがあるほか，その土地，土地に伝わる伝説などがある。例えば，ハワイの創世記として代々王家に口承で伝わっていたクムリポ（Kumulipo）がある。2,106行からなるこの叙事詩が作られたのは1700年ごろとされ，1889年にカラカウア国王が文字化したものを発表した。その後，1897年に，そのときすでに退位していたリリウオカラニ女王がクムリポを英訳したものを発表したことにより，世に広まったとされている。

O ke au i kahuli wela ka honua

O ke au i kahuli lole ka lani

O ke au i kuka'iaka ka la

E ho'omalamalama i ka malama

O ke au o Makali'i ka po

O ka walewale ho'okumu honua ia

O ke kumu o ka lipo, i lipo ai

O ke kumu o ka Po, i po ai

O ka lipolipo, o ka lipolipo

O ka lipo o ka la, o ka lipo o ka po

Po wale ho--'i

（以下和訳）

地球が回りはじめ熱くなったとき，

天が回ったとき，

太陽が暗くなったとき，

月を輝かせるために，

プレアデス星団が誕生した時，

ぬめり，これが大地の源であった。

闇を作り出した闇の源，

夜をつくる夜の源である，

強烈な闇，

深い闇，

太陽の暗さ，

夜の暗さ，

闇以外の何ものでもない

（筆者訳）

　クムリポとは，ハワイ語で「起源」や「生命の源」を表す言葉であるが，創世神話として伝えられてきており，その名のとおり，どのようにこの世界が出来上がったのかをうたっている。全16章からなるクムリポは前の８章が「ポー（po；夜・闇）の時代」とされ，後の８章が「アオ（ao；昼・明）の時代」とされている。ここで紹介しているのは，「ポー」の冒頭部分である。

　これらの２つのフラの源流と日本との類似点を考えてみると，日本の創世神話の"天地初発（天地 初めて 発 けし時）"から始まる「古事記」があげられる。古事記もまたクムリポ同様に，口承で伝えられていたものであったが，第40代天武天皇の命をうけた太安万侶がまとめた。また，古事記には文面通りの解釈と，先にふれたハワイ語のカオナ（kaona）のような，隠れた意味が込められている。隠れた意味は日本語の言霊として，今世まで受け継がれてきた。クムリポの後半の８章は神々や島々が生まれるところや，タロイモが生まれると

ころ，ハワイアンの先祖が生まれるところから，王族が生まれるところまで繋がっていくことから，古事記はこの後半の内容に似た要素をもっていると思われる。口承であったこと，創世神話であったこと，カオナ（kaona）があったことからも類似点がみいだせる。

"踊り手がチャネリングをしながら大自然の神とつながるスピリチュアルな踊り"—古代ハワイの人々は自然界のすべてに神を見出していた。これは古代日本人が信じていた八百万の神の存在，森羅万象には神がいるという神観念に似ている。また，日本の伝統文化の一つである日本舞踊には，踊り手自身が自然の一部となり，風景描写をしていく舞があるが，時には風に，時には木に，時には小鳥になり自然を描き出す。これはフラにもあることであり，メレ（mele；詩）の中でうたわれている地域の風景，天候，生き物などを踊りで表現していく。自然界のすべてに，森羅万象すべてに，神がいると信じていた日本とハワイは伝統舞踊においても，それぞれの形で自然を表現している。

以上のようにフラの3つの源流から，日本とハワイとの類似点を明らかにしてきたが，その他にも日本の巫女が神事の時に踊る巫女舞は，古代のハワイの人々が神に捧げるために踊ったフラと役割として似ている部分があると思われる。フラの踊り手のエネルギーが大自然とつながると，あらゆるものと同化できるようになり，時に人々にとって大切なメッセージを受けとっていたという。それは，日本の，神につかえる役割を務める巫女が，神と人が一体化となる"神がかり"をして人々を導いていたとされる部分に通ずるものがあると思う。その"神がかり"をするために繰り返された動きがもととなったのが巫女舞である（文化デジタルライブラリー）。

2．文化交流イベントで繋がる日本とハワイ—日本とハワイそれぞれの地で開催される大会やイベントからみる繋がり

ハワイ州をはじめ，ハワイの各島群と日本の31の自治体は，姉妹都市提携をしている。これは他のどこの国よりも多く，それだけ日本とハワイの交流があるといえる。すべてがフラに関連した交流イベントではないが，それでも数

ハワイ州姉妹都市（31都市）

ハワイ州	ホノルル郡	ハワイ郡	カウアイ郡	マウイ郡
6	**12**	**6**	**4**	**3**
福岡　(1981)	広島　(1959)	伊豆大島　(1962)	周防大島(1963)	八丈島 (1964)
沖縄　(1985)	那覇　(1961)	名護　(1986)	守山　(1975)	宮古島 (1965)
広島　(1997)	白浜　(2004)	湯梨浜 (1996)	石垣　(1999)	福山　(2008)
愛媛　(2003)	佐伯　(2004)	渋川　(1997)	いわき (2011)	
北海道(2017)	宇和島 (2004)	洲本　(2000)		
山口　(2020)	長岡　(2012)	久米島 (2011)		
	茅ヶ崎 (2014)			
	境　(2018)			
	宇佐　(2019)			
	金武　(2020)			
	三浦　(2020)			
	江戸川 (2021)			

図5－1　ハワイ州観光局公式ポータルサイト
（all hawaii（オールハワイ）より）

多くのフラ関連の企画が存在する。ここではフラが柱となっているイベントについてみていくとしよう。

　ハワイでのフライベントはハワイ文化活動の一部であり，ときには文化継承を意識した教育活動であり，また観光で遊びに来ている人々のためのエンターテインメントとなっていることがある。そのため，それがそっくりそのまま日本で開催されることはほとんどない。日本で開催されているハワイからやってきたイベントはほとんどがフラの大会であり，日本で開催される場合はプロモーターとされる企業が主催者となるケースが多かった。その場合，契約制になるため，契約が終われば日本で開催されないケースがある。しかし，日本で開催されたときには，日本大会はハワイ大会の予選とされ，優勝すれば本場ハワイの大会に出場することができた。なかでも有名なのがキング　カメハメハ　フラ　コンペティション（King Kamehameha Hula Competition；通称キンカメ），そして，出場できるのが子どもだけのクイーン　リリウオカラニ　ケ

イキ　フラ　コンペティション（Queen Liliʻuokalani Keiki Hula Competition；通称ケイキフラ）などがあった。残念ながら，キンカメの日本大会は開催されなくなってしまったが，ケイキフラは数年のブランクを経て，2023年に一般社団法人 カリヒ　パラマ　カルチャー ＆ アーツ ソサイエティージャパン（Kalihi-Palama Culture & Arts Society — Japan）によって開催された。そして各カテゴリーで優勝したハーラウはハワイ大会出場の切符を手にしている。大会の審査員はハワイからクムフラ（kumu hula；フラの先生）を招へいしていることから，審査されるポイントはハワイと変わらない。

　では日本オリジナルのイベントはどうなのか。大小さまざまなコンテストやコンペティションが全国各地で数多く開催されており，ハワイから有名ハーラウやミュージシャンを呼んで行われるコンサートやハワイ関連イベントも多くある。なかでも日本発ホノルル開催のものもいくつか存在する。『日本のハーラウのためのハワイで開催されるフラだけのフェスティバル』（オフィシャルHPより）というコンセプトから生まれ，20年の歴史を誇るフラ・ホオラウナ・アロハ（写真5－1）をはじめ，『ハワイアン業者が主体となって企画・運営する，フラやタヒチアンダンサーの皆さまやハワイを愛する方々を応援する参加型のイベント』（オフィシャルHPより）として国内で年に3回，ホノルルで年に1回開催されているカ　フラ　ホア（KA HULA HOA）などがある。日本発の企画にも関わらず，毎回多くの参加者が集まるのは，なぜか。おそらくそこには"日本語が通じる"安心感，日本だからこそのきめ細かな"サービス"，日本の多くの人々が求めているハワイ，フラを体験することができるからではないだろうか。

　このほか，北は北海道から南は石垣島まで，ハーラウ，自治体，企業などが主催する大会やイベントも年間通して全国各地で開催されている。会場の規模はそれぞれ異なり，劇場で開催されるコンサート・発表会形式のものや，デパートのイベント広場に特設ステージを設けて開催されるもの，大きな公園などで開催される野外タイプや温泉街・観光名所で開催されるタイプがあり，入場料・参加費がかかるものから，入場料無料のものとさまざまである。大会の

写真5－1　フラ・ホオラウナ・アロハ

（フラ・ホオラウナ・アロハ HP より）

　場合，出場できるのが子どもだけのもの，大学生だけのもの，熟年層だけに特
化したものから，子どもから大人までカテゴリー分けされ，全年齢層対象のも
のがある。年齢層を特化しても企画が成り立つということは，それだけフラ人
口が多く幅広い年齢層で親しまれている証拠だといえる。また，ゲストをハワ
イから招へいする場合が多く，日本にいても本場ハワイのフラを観ることが
でき，時には来日したクムフラによるワークショップを受けることができる。
ワークショップはフラだけでなく，フラを踊る際に必要な髪飾りやレイの編み
方やハワイの神話を学ぶものなど色々あり，ハワイに行かなくても，本物に触
れることができる。

　また，日本とハワイが提携して開催されるイベントもある。ハワイ郡と姉
妹都市の群馬県渋川市にある伊香保温泉では，ハワイ島ヒロで開催される世
界最高峰のフラの大会，ザ・メリー・モナーク・フェスティバル（the Merrie
Monarch Festival；通称メリモ）と提携して「伊香保ハワイアンフェスティバル」

写真 5 − 2　伊香保ハワイアンフェスティバル 2022
（渋川伊香保温泉観光協会 HP より）

（写真 5 − 2）が行われている。その年のメリモで優勝したチームが夏に来日し，フラショーを開催。そのほかハワイアンバンドによるライブや日本のハーラウによるフラショー，ハワイアングッズのマーケットなどを楽しむことができる。温泉街が一瞬でハワイ色に染まる伊香保ハワイアンフェスティバルは毎年多くの人で賑わう夏の風物詩にもなっている。

　このほか，久米島ハワイフェスティバル，石垣島フラフェスティバル，ハワイアンフェスティバルハワイ in ゆりはま，NAGAOKA Aloha Festival，茅ヶ崎アロハマーケット（写真 5 − 3），宇和島ハワイアンフェスティバルなどをはじめとして，ハワイと姉妹都市提携をしている各地域で，多くのハワイアンイベントが開催されている。

　以上のように多くのイベントが全国各地で開催されているが，世界中を見渡しても，ここまで幅広くハワイの文化，フラの文化に触れられるのは日本だけではないかと思われる。

写真5－3　茅ヶ崎アロハマーケット

（茅ヶ崎アロハ委員会より）

第2節　人々を魅了するフラ～フラはなぜ日本で人気なの

1．フラ　カヒコ（hula kahiko）とフラ　アウアナ（hula auana）

　フラの源流は3つであるが，今日において，フラのスタイルは大きく分けて2種類ある。一つは「フラ　カヒコ（hula kahiko）」といい，日本語では「古典フラ」と言われているスタイルと，もう一つは「フラ　アウアナ（hula auana）」という，「現代フラ」と呼ばれるスタイルである。このようなカテゴリー分けがされたのは，第一次ハワイアンルネッサンスとされている1880年代に，デイビッド　カラカウア王（King David Kalākaua）によって進められたハワイ文化復興運動が始まってからと言われている。それはキリスト教が伝わり，西洋文化の影響をうけ，フラやサーフィンなどの文化が禁止されてから約50年が過ぎたころだった。そのため，フラの踊りかたをはじめ，古来より口

承で伝えられていたことを知る人々を探すのは困難を極めていたという。それでも，カラカウア王はフラが禁止される以前のことをできるだけ多く集め，今日のフラに繋がる礎を築いたと言えよう。そして，カラカウア王の復興運動より前のフラを「フラ　カヒコ（hula kahiko）；古典フラ」と呼び，それからあとのフラを「フラ　アウアナ（hula 'auana）；現代フラ」と呼ぶようにしたという。

（1）フラ　カヒコ

　フラ　カヒコはハワイ土着の植物でつくられた打楽器のリズムに合わせ，ホオパア（hoopaa；チャンター）がチャントを唱えるのを聴きながら，歌われているメレの内容を踊りで表現するフラであり，神へ捧げるもの，王族を讃えるもの，ハワイの大自然を歌ったものなどがある。フラ　カヒコを踊る際に身に着けるものはティ（ti）と呼ばれる葉っぱや，木の皮を伸ばしてできた布のようなカパ（kapa）でできた衣装など，主に植物でできたものである。より自然でナチュラルな姿で踊ることから，あまり化粧はしない。

　フラを学ぶ者にとって，必ず一度は踊ってみたいと思うのがフラ　カヒコであるが，ハーラウでフラを教える先生自身がハワイのクムフラに師事していなければ，正しいものは学べない。というのも，地域ごと，ハーラウごとに伝えられているものが異なるからであり，カヒコは古いという意味の通り，古いものを学ぶということは，自分がその時代に生きていないだけでなく，その場所にもいない，そのため多くの知識や学びが求められるからだ。メレが作られた時代背景，歴史，土地などさまざまな知識があってこそ，はじめて正しくメレを理解し，その上でそれにあった衣装を身に着け，フラを踊ることで，正しく伝えることができる。それだけではない。観ている側の知識も深ければ深いほど，目の前で繰り広げられているフラへの理解や味わい方も深くなる。ちなみに，今日において踊られるカヒコは代々伝わってきたものもあれば，クムが新たに創作したものもある。古典をどう創作するのかと不思議になるかもしれないが，上述したように，カヒコは一つの“スタイル”である。つまり，カヒコというスタイルで創作するということである。テーマとして決めた時代背景，

そこに至るまでの歴史や出来事などありとあらゆることについて，可能な限り研究し，それをもとにメレを作り，振りを入れ，ダンサーの衣装や持つ道具を通して，その時代をフラで表現していくのである。

（2）フラ　アウアナ

　フラ　アウアナは西洋の楽器の演奏とともに踊り，ハワイ語だけでなく，英語で歌われる曲に合わせて踊るフラであり，ゆったりしたスローな曲から軽快でアップテンポな曲までそのテンポはさまざまである。フラ　アウアナでは柄物の生地やベロアなどで作られた衣装や，レースが施されたドレスなど，生地もデザインもさまざまであり，髪飾りやレイなども葉物の植物だけでなく，色とりどりの花が使われることが多い。照明のあるステージで踊るとなると，いっそう煌びやかで華やかに見えるデザインが採用される。それでも，衣装や身に着けるものもフラの一部であることから，メレで歌われている場所，人物，花などに合わせて組み合わされている。

　このようにコミカルなものから王族や土地を讃えたものまで，西洋楽器に合わせて踊られるのがアウアナである。カラカウア王によってフラが解禁されてから，他文化から持ち込まれたさまざまな楽器やメロディーが取り入れられた（高柳，2022）ことから，スタイルは違うがアウアナを踊る上で，カヒコと同じように学びは必要である。また，楽器の演奏にアーティストの歌声が加わることで，カヒコよりもエンターテインメント性が強くなり，観ている側も“美しい”，“楽しい”，“凛々しい”，“カッコイイ”というように内容を気にせず何かを感じ取ることができる。踊る側はもちろん，どの時代の曲を選ぶかによって，そのころ流行ったドレスの形を衣装に採用したり，その曲の内容にあった色や植物を組み込んだりする部分はカヒコにも通ずるところがあるが，カヒコとは違い英語で歌われる曲で踊る場合もあれば，日本では日本語で歌われている曲で踊ったりすることもある。そのためカヒコよりも親しみやすい。フラが世界中の人々に愛されるようになったのも，このフラ　アウアナができたからだと言っていいだろう。近年では，ハワイアンのミュージシャンたちが日本の楽曲

をカバーしたものがリリースされ，そのカバー曲でフラを踊ることがある。ミュージシャンがただ邦楽を好きだということもあるだろうが，カバー曲を出しているミュージシャンの多くが日本でも有名な人物であり，特にフラダンサーの中でも人気がある人々であることから，日本のフラ界を意識しているのではないかと思う。それだけ，日本のフラ界はハワイのフラに関連する業界の人々にも意識されているということでもあろう。

２．フラには誰もが輝く魔法がある！
（１）老若男女，誰でも踊れるフラ

　フラを踊るにあたって，特に年齢や性別の制限はない。これは，フラの人気が衰えない要素の一つではないかと思われる。下は３歳くらいから，上は動ければ何歳になっても踊ることができ，自分から引退しない限り，いつまでも続けられる。そのため，踊る曲テンポや振り付けに違いはあるけれど，老若男女を問わず，誰にでも踊ることができる。母と娘，父と息子，夫婦，兄弟，姉妹で踊ることもできれば，一家全員で踊れたりもする。家族全員では踊らないが，父がウクレレ片手に歌い，それに合わせて母と子が踊るという家族がいれば，祖母，母，娘の三代でフラを踊っている家族もいるのだから，フラは実に素敵な文化ではなかろうか。

　それに，いくつになっても続けられるのだから，特に辞めなければならない事情がない限り，ある一定の期間続けてきた人はおそらくフラを辞めることはない。たとえ何らかの事情で一旦フラを辞めてしまったとしても，復帰できるときがきたら，いつでも再開することができる。

　また，日本もハワイ同様，男性ダンサーの人数は女性ほど多くはない。日本の場合，フラ教室を開いている男性の先生が指で数えられるくらいしかいないのと同時に，男性が通えるカーネ（kāne；男性）クラスを開講しているハーラウ自体があまりない。それでもイベント会場に行けば，ステージで楽しそうに踊る男性の姿を目にすることができるから，人口的には多くはないかもしれないが，ある一定数の男性たちがフラを楽しんでいることは間違いなさそうであ

る。

　イベント会場であっても，プライベートな場所であっても，フラを踊っている人たちをみると，楽しそうに踊っている。たとえ緊張して表情がこわばったダンサーであっても，フラが好きだということが伝わってくる。大人も子どもも，衣装を身にまとい，髪の毛をセットし，メイクアップをした際には，ダンサーたちがとりわけキラキラして見える。どんな内容の曲を踊っていても，エネルギーに満ち溢れていて，踊ることを楽しんでいるのを感じることができる。

（2）日本独自に発展しているフラ

　日本には〇〇フラと，フラの前に言葉が入ることがある。ハワイの人からすると歓迎すべきことではないかもしれないが，何かと掛け合わせて新しいアクティビティになるフラは，柔軟性があり，フラの成り立ちからみても，人の生活になじみやすい要素を持っている。陽気で，元気で，優しいイメージがあるフラは人々に癒しや元気を与えてくれるアクティビティであると認識されているからこそ，いろんな形で取り入れられてきたのではないかと思われる。

　ここでは3つ，フラを取り入れたアクティビティ（①アクアフラダンス，②健康フラ・介護フラ，③ハワイアンリトミック）を紹介する。

①　アクアフラダンス

　アクアフラダンスとは水中で行われるフラのことであるが，これは"フラダンス風の優雅な動きとアクアエクササイズ（水中運動）の利点を融合させたユニークな運動プログラム"であり，水中で行うため通常よりも身体的に負担が少なく，低体力者や高齢者にも適している（1億人元気運動協会（E.E.O.A），2023）。

②　健康フラ・介護フラ

　健康フラ・介護フラ協会によると，認知症などに効果があり，「リハビリ効果」「脳の活性化」「ストレス軽減」「幸福度の向上」があると言われている。また，「介護フラは幸福度を上げる」との学術研究結果も出されている（健

康フラ・介護フラ協会，2023）。さらに，フラが介護予防に効果的かという研究
において，12回のレッスンを受けた参加者のうち，半数以上に筋力，バラ
ンス能力，柔軟性，歩行能力の改善が見られたという。フラを踊るときにダ
ンサーがはくパウスカートやフラワーレイなどのコスチュームを身につけ，
ハワイアンミュージックに合わせてゆったりと踊ることから楽しく実施で
き，それが"運動の継続"に繋がるという。介護予防には，定期的な，継続
的な運動が重要であることから，フラは有効な手段であると報告されている
（笹野・後東・北村，2016）。

③　ハワイアンリトミック

　ハワイアンの要素とリトミックを融合させたアクティビティである。「ダ
ルクローズ音楽教育法」とも言われるリトミックとは，スイスの作曲家エ
ミール・ジャック＝ダルクローズが提唱したとされている「音楽教育法」で
あり，音楽に合わせて身体を動かすことで，子どもたちの集中力，想像力，
表現力やリズム感が養われるという。ここにフラの要素を取り入れたのが，
ハワイアンリトミックである。教室によっては，ウクレレでハワイアンミ
ュージックを演奏したり，健康フラ・介護フラと同じようにパウスカートな
どを取り入れハワイアンな雰囲気を演出して行われている。

　日本には少なくとも上記3種類のエクササイズ形式のアレンジフラが存在し
ているが，使われている音楽はその昔に流行った日本語のハワイアン楽曲や日
本の童謡をハワイアン風にアレンジしたものがあるという。こうすることで，
人々のフラに対する親しみや踊りやすさを引き出しているように思われる。同
時に幅広い年齢層の人々が踊れるフラであるからこそ，○○フラというように
多様なアレンジを生むことができている。

第3節　私たちに繋がりをもたらすフラ

1．自然と人

　上記に述べたフラの源流として踊り手がチャネリングをしながら大自然の神

とつながるスピリチュアルな踊りについて明らかにしたように、フラと自然は
切っても切れない繋がりがあり、こんにちにおいてもフラと自然の繋がりは変
わらず存在する。

　メレ（mele）の中には、ハワイの神々にまつわる物語がうたわれている場合
や自然を賛美するようなものがある。それだけではない。フラで踊られるハワ
イアンソングの多くにも、ハワイの島々や特定の土地・場所をテーマにしたも
のや、海や川、森や山、そこに生息する生き物たちや花々をはじめとする植物、
そこに降る雨や時おり現れる虹などが歌詞に出てくることがよくある。このよ
うに、フラと自然は強い繋がりを持っている。

　フラを踊る際、曲中に出てくる自然に思いを馳せ、踊りを通してそれを表現
する。そのためフラダンサーにとって一番の理想は、実際に曲中に出てくる場
所へ行き、そこがどんなところかを自らの目で見て、植物も実際に生えている
場所へ行き、どういうところに生えていて、どんな匂いや色で手触りなのか自
らの手で触ってみることが重要である。それが難しい場合でも、ネットで検索
したり、フラ関連の書籍で調べたりして、理解を深めることができる。曲に出
てくる光景が実際の生活の中であるようであれば、それを当てはめてみること
で表現しやすくなる。例えば、ハワイ島にあるマウナケア山に雪がかかってい
る様子が歌われている場合、マウナケア山に匹敵するほど神聖な山である富士
山が雪化粧をした姿を代わりに思い描くことで、より表現しやすくなる。

　フラを踊る際に身に着ける衣装や髪飾りなどに植物が使われることがある。
ハワイの伝統を重んじるハーラウは、必要な植物が生えている場所へ足を運
び、その土地にまずは祈りを捧げ、そこに立ち入る許可を取り必要な分だけい
ただくという一連の流れとともに準備を進める。"必要な分だけ"、これはハワ
イの人々が代々大切にしてきた教えの一つである。大自然の中で生きている者
として、大自然からの恩恵を受けて生きているからこそ、その土地の調和を崩
してはならないという想いがそこにはある。植物に限らず、自分たちの食料と
なる魚を捕るときも同じ考えのもとで行われる。また、ハワイの人々は自然は
自分たちのクプナ（kupuna；祖父母や自分が存在する源）や先祖であり、彼らと

繋がれるところという考えがある。自分は自然の一部であり，自然の支配者ではないというのだ。

この思想を表しているハワイ語の諺を一つここで紹介する。

　　ヘ　アリッイ　カ　アーイナ（He aliʻi ka ʻāina）；ヘ　カウアー　ケ　カナ
　　カ（he kauā ke kanaka）

これは "土地はアリイ（aliʻi；チーフ，人の上に立つ存在），人はカウアー（kauā；従者）である" という意味であり，人々にその土地に対するクレアナ（kuleana；責任，命題）をリマインドする諺である。土地は自分たちのために，食べ物を与え，必要なものを与えてくれるという教えが込められている。

日本も古来より暮らしの中に自然があり，自然とともに生活をしてきている。したがって，特に意識をしなくても，ハワイの人々の思想を理解し，取り入れることも難しくはないはずである。古くより，日本の漁師たちは「森は海の恋人」，「森が枯れると海が荒れる」と言っていたという（上田，2011）。このように表現されるのは日本の人々がハワイの人々同様，自然や土地を，そして森を大切にしてきたからであり，それがどう循環され，自分たちの生活に恩恵をもたらしてくれているのかを知っているからだと思われる。

日本の一部のハーラウでは，ハワイのクムフラから学んだ教えを日本にいながら実践している。神々へフラを奉納したり，大切なイベントがある前には山へ入り，オリ（oli；祈り）を唱え神と繋がり，意識を清める。そして，もしその場に生えている植物が必要な場合は，山の神に許しを請い，必要な分だけいただいたりしていると，ハーラウ主宰者から聞いたことがある。以上のことからも明らかなように，フラは人々と自然，土地，先祖を繋いでくれているのである。

2．人と人（家族，仲間，コミュニティ）

人と人との繋がりは，精神的な安らぎや生活の満足度や充実感をもたらして

いる。内閣府が行っている国民生活選好度調査において，“幸福度を高めるために有効なものは何ですか”との問いに対して，「自分の努力」にくわえて，「家族との助け合い」や「友人や仲間との助け合い」などの比率が高くなっているという。こうした結果からは，人と人との繋がりから生まれる“助け合い”によって幸福度が高まると推測できる。

　このような人と人との繋がりは，フラコミュニティにおいてもみられる。ハワイでは，学校で生徒に何か問題がおこり，両親に連絡が取れない場合は，その生徒が通っているフラのハーラウ（hālau；教室）のクム（kumu；先生）に連絡をすることがある。連絡を受けたクムは生徒の両親の代わりに学校へ行き対応にあたるそうだ。フラを通じて，信頼関係のある強い繋がりのあるコミュニティができているということである。

　日本ではハワイと同様に，同じハーラウで一緒にフラを習ってきた仲間のことをフラシスター，フラブラザーと呼ぶ。同じ師につき，同じ教えを受け時間を共にしてきたからこその仲間意識が生まれ，苦楽を共にして，同じ釜の飯を食べてきた仲間と言っても過言ではないくらいの絆で結ばれることはよくあることだ。フラを習い続けている理由の一つとして，“仲間がいるから”という答えをよく聞く。フラに興味をもって通い始めたレッスンも，そのうち“仲間”という付加価値が生まれ，それがフラを続ける原動力になっているという。しかし，なぜただの習い事なのにそこまで強い繋がりができるのか？　それは，①フラを習っている年月と②グループ行動が影響していると思われる。

①　フラを習い始める年齢は人それぞれだが，早い場合は３歳くらいから始められるため，そこからフラとともに成長してきたという人が多くいる。それはハワイだけではなく，現代の日本でも同じである。ハーラウ内で赤ちゃんが生まれたとなれば，ハーラウベイビーとして迎えられ，ある年齢に達したら，お母さんと同じハーラウでフラを習い始めるケースも多々ある。

②　大会にソロで出場する場合以外は，基本グループでレッスンする。グループの場合，求められるのがメンバー同士の“呼吸”である。大会や

イベントに出るには，通常レッスン以上の時間を使って出場に備えることがある。頻繁に顔を合わせて練習し，踊りでは意識を合わせなければならないため，グループ内でのハーモニーができあがり，繋がりが強くなるのはごく自然なことなのである。

　フラダンサーが家族の中にいると，フラのステージを見る機会が多くある。それがきっかけでフラが家族共通の話題になり，共通の趣味になることもある。はじめはまったくフラに興味がなく，フラのこともまったく知らなかったが，ただ家族が踊るから見に来たという人も，家族のサポートをしているうちに，フラが好きになり，コメンテーターになれるのではないかというくらい，ハワイやフラ事情に詳しくなることもあるのである。

　それだけではない。家族がイベントに出れば，そこには自分と同じように家族を応援しに来ているフラ仲間の家族がいる。何度も同じ現場に居合わせると会場で一緒に観覧していることもあれば，ハーラウで荷物の運搬や発表会の運営などで人手が必要な場合などに率先してお手伝いをし始めてくれることもある。フラを介して，フラを習っている人だけでなく，その周りの人たちの間でも繋がりが生まれ，和が生まれてくる。フラは人と人との繋がりをもたらしてくれる。

3．表の自分と内なる自分の統合

　フラダンサーはただ踊るだけではなく，メレ（mele）に込められた意味を理解し，それを身体を使って表現していく。ダンサーは，いわば，ストーリーテラーであるが，時にそれは自分を表現していることにも繋がる。

　クムフラ・マープアナ・デ・シルバ（Kumu Hula Māpuana de Silva）は，書籍『フラが教えてくれること』（瀬戸, 2009）の中で，以下のコメントを残している。

　　「自分を磨きながら生きることを知ったフラ・ダンサーは，歳をとっても，メイクや衣装に頼らなくても十分に美しいのです。」

　"自分を磨きながら"という言葉にはフラの技術的なことだけでも，自分の外見的なことだけでもなく，内なる自分を磨くこと，言い換えると，他者との繋がりだけでなく，自分自身と繋がるということが含まれているのではないかと推測できる。自分を見失ってはいないか，他人ばかり気にしているのではないか，アロハ（ALOHA）を忘れていないかなどが含まれている。

　アロハ（ALOHA）とはハワイの人々が代々大切にしてきた精神性のことであり，アロハスピリットと表現されることがある。ALOHAのAは優しさを意味するアカハイ（Akahai），Lは調和を意味するロカヒ（Lokahi），Oは思いやりのオルオル（Oluolu），Hは謙虚さ—ハアハア（Haahaa），Aは忍耐のアホヌイ（Ahonui）という意味がある。これらは一般的な単語を訳したものであり，先に示したように，ハワイ語は何通りもの解釈ができるため，各家庭，各ハーラウによって，伝わっていることが多少異なると聞いたことがある。シーンに合わせて，解釈が少しずつ違うということもあるかと思うが，自分の言動に意識を向け，自分がいまどんな人間であるのかを，この言葉を通して確認することができる言葉である。

　メイクアップをし，華やかな髪飾りやレイと衣装を身にまとい，フラを踊ることが好きであるということはダンサーにとって自然なことであるが，ただ教わった振り付けを再現するのではなく，自分という人物をそこに重ねることで，個性が加わり，リアリティのあるストーリーテラーになることができる。それは，表に現れる自分と内なる自分とを統合させることでもある。

第４節　ケイキフラコンペティションから見るフラのこれから
　　　　〜好きこそものの上手なれ〜

１．ジャッジもうなる日本人ダンサーが魅せるフラ

　過去に何人ものクムフラが，日本人ダンサーは"笑うタイミングではないところで笑う"というコメントをしているのを聞いたことがある。ケイキ（keiki子ども）ダンサーは特に"笑うポイントはここ"と教えられているのではない

かと思われるように，皆が同じタイミングで眉を上げ，口角を上げるということが多く見受けられたこともあり，それに違和感を抱いていた人も多い。そのため，ハワイアンのクムフラたちは過去に雑誌『フラレア』の取材に対し，以下のようなコメントを残している。

　　『日本人が熱心なのはわかります。でも，熱心に踊りの練習をするだけでなく，もっと，その歌の意味や何を感じて踊るか…も，重視してください。』─ジョージ　エンスリー　カナニオケアクア　ホロカイ（2009）

　　『歌を知らないダンサーが作り笑顔をしても，心ここにあらずという気持ちは，観る者に伝わってしまう。フラは心と気持ちで踊るもの。』─レイナーアラ・カラマ・ハイネ（2009）

　　『フラというのはあなたの内面の感情を表現するもの。だから表情が皆そっくりだったら不自然！　それは作り物よね。ましてや眉を上げる動作は，感情の表現でもフラの一部でもありません。』─アロハ・デリレイ（2014）

　だが，それはもう一昔前の話である。今や日本人ダンサーはハワイの人々から認められつつある。フラのオリンピックとも言われる世界最高峰のフラの大会，メリーモナークフェスティバル（Merri Monarch Festival）において，日本人ダンサーがハワイのハーラウメンバーとして出場していることは稀ではなくなってきている。

　筆者が主催者として運営に携わった2023年2月に茅ヶ崎市民文化会館で開催された2023 クイーン　リリウオカラニ　ケイキ　フラ　コンペティション ─ ジャパン（2023 Queen Liliʻuokalani Keiki Hula Competition ─ Japan）では，その審査員として来日していたクムフラ（kumu hula；フラの先生）の1人が大会終了後，"ハワイのクムフラたちは日本のケイキ（keiki；子ども）ダンサーたちのフラを見た方がいい"と口にしたのを聞いた。審査員たちはハワイでフラを教えて数十年という大ベテランであり，ハワイでも有名なクムフラばかりであ

写真５－４　2023 クイーン　リリウオカラニ　ケイキ　フラ　コンペティション ─ ジャパン
(Kalihi-Palama Culture & Arts Society ─ Japan)

ったことから，このような感想をもらしたということは，日本の子どもたちの
フラはきちんと伝わるフラになっているのだと思われる。

　ケイキダンサーたちがハワイのクムフラたちを魅了しているのだから，これ
からのフラ界はさらに輝かしいものとなるのではないかと考えると同時に，日
本にいながらも，ここまで素晴らしいレベルに引き上げている日本の先生方の
並々ならぬ努力に敬意を表したい。

　第５章では，フラを通した日本とハワイの繋がりやフラの魅力について明ら
かにしたが，日本とハワイには，日常では気づかないところで意外と類似点や
共通点があることがわかる。日本という国は今までも多くの異国文化を受け入
れ取り入れてきたが，衣・食・住以外の分野で，ここまで老若男女問わず，一
般的に広まりを見せているのはフラぐらいではないだろうか。ここに至るま
で，フラに関わる日本人の人々の並々ならぬ努力尽力があったからであると同
時に，フラがここまで日本で受け入れられ，発展してきたのは，偶然というよ

りも，必然であったのかもしれない。

　今は昔と異なり，渡航せずとも，日本にいながら本場ハワイのフラに関する情報を雑誌や書籍から得ることができる。またハワイのクムフラから直接指導を受けることができる機会が増え，さらにはメディアの進歩，SNS の浸透とともに，静止画のみならず，動画でもフラやハワイに触れることができるようになった。ここからさらにフラを通した日本とハワイの繋がりの深化に注目していきたい。

引用・参考文献

千葉千恵美・林由美子・大塚真理・渡辺俊之（2014）『ベビーフラダンスが母親の気分状態と親子関係に与える影響』高崎健康福祉大学紀要 第 14 号

船井幸雄（1999）『希望』実業之日本社

マイケル・キオニ・ダドリー，中島和子・堀口登訳（2004）『古代ハワイ人の世界観　人と神々と自然の共生する世界』たちばな出版

森口哲史・藤田勉・市村志朗・永澤健・田中博史・今給黎希人・福田潤・前田雅人（2009）『中高年者のフラダンスが与える心理生理的効果―重心動揺と気分プロフィールの変化について―』鹿児島大学教育学部研究紀要．自然科学編

荻原智美（2021）『現代日本におけるハワイの伝統舞踊フラの位置づけ―予備的考察―』

岡田圭子（2012）『「つながり」を人々はどう意識しているか～世論調査からわかること～』労働調査協議会

レイア高橋（2012）『フラ・カヒコ 魂の旅路』アールズ出版

笹野弘美・後東尚樹・北村敏乃（2016）『フラダンスは介護予防プログラムとして有効か』名古屋学院大学論集　医学・健康科学・スポーツ科学篇

瀬戸みゆき（2009）『フラが教えてくれること』文踊社

高柳友紀（2022）『アロハハワイ　たのしいイラストで知るハワイのことば』文踊社

上田正昭（2011）『森と日本人のこころ―自然と人間の共生の場，鎮守の森の再生へ』大阪ガスネットワーク（株）エネルギー・文化研究所

矢口祐人（2011）『憧れのハワイ』中央公論社

参考 URL

【日本文化の特徴とは？独特の自然観や西洋文化との違いを解説！2020】
https://haa.athuman.com/media/japanese/culture/2271/#:~:text=%E3%81%9D%E3%82%9
3%E3%81%AA%E5%B3%B6%E5%9B%BD%E3%81%A7%E3%81%82%E3%82%8B%E6%97
%A5%E6%9C%AC,%E7%AF%89%E3%81%8D%E4%B8%8A%E3%81%92%E3%82%89%E3%
82%8C%E3%81%A6%E3%81%8D%E3%81%BE%E3%81%97%E3%81%9F%E3%80%82
（2023 年 4 月 10 日参照）

【日本文化の特徴をまとめて解説！伝統文化や外国人が驚くマナーとは？2022.04.29】
https://japanese-bank.com/nihongo-how-to-teach/japanese-culture/（2023 年 4 月 10 日参照）

【島・半島・大陸─風土による日・韓・中・三国文化の異質性─ 1999】王少鋒
http://www.japan-china-sociology.org/news/29_41/t11_wang.html（2023 年 4 月 10 日参照）

【Languages of the Wolrd】Ethnologue
https://www.ethnologue.com/（2023 年 4 月 9 日参照）

【【世界の言語】使用人口と使用状況 2021 年 6 月 9 日】翻訳商社
https://novanexus.jp/know-how/5444/09/06/2021/（2023 年 4 月 9 日参照）

【言語脳と音楽脳 1984 年 6 月　機関誌 36 号】東京医科歯科大学教授 角田　忠信
https://www.seas-jp.org/archive-1/17/（2023 年 4 月 9 日参照）

Hawai'i Rooted ～森が教える私の居場所～
https://www.youtube.com/watch?v=VQEoPt5kf9g（2023 年 4 月 29 日参照）

内閣府─国民生活選好度調査
https://warp.da.ndl.go.jp/info:ndljp/pid/10361265/www5.cao.go.jp/seikatsu/senkoudo/
senkoudo.html
（2023 年 4 月 30 日参照）

A History of Religion in Hawaii by Kevin Whitton, author of Moon Hawaii
https://www.moon.com/travel/arts-culture/a-history-of-religion-in-hawaii/
（2023 年 5 月 5 日参照）

Hula: Hawaiian Spirituality, Ceremony, and Cultural Rebirth by Kekoa Hager
https://www.hawaiianmusicperpetuationsociety.com/post/hula-hawaiian-spirituality-
ceremony-and-cultural-rebirth
（2023 年 5 月 5 日参照）

HAWAIIAN SPIRITUALITY LIFE WITHIN THE AHUPUA`A
https://www.hawaii-guide.com/content/posts/hawaiian-spirituality-life-within-the-ahupuaa
（2023 年 5 月 5 日参照）

フラ・ホオラウナ・アロハ　https://www.hoolauna.com/（2023 年 5 月 5 日参照）

ハワイ州観光局公式ポータルサイト allhawaii（オールハワイ）
https://www.allhawaii.jp/business/article/media/516/（2023 年 5 月 5 日参照）

HAWAIIAN SPIRITUALITY LIFE WITHIN THE AHUPUA`A
　https://www.hawaii-guide.com/content/posts/hawaiian-spirituality-life-within-the-ahupuaa
　（2023 年 5 月 20 日参照）

アクアフラダンス　https://genki-kyokai.com/npo/certification/instructor7.html
　（2023 年 5 月 20 日参照）

一般社団法人健康フラ・介護フラ協会　https://www.carehula.jp/cont1/main.html
　（2023 年 5 月 20 日参照）

ふれあいリトミック協会　http://ritomic.jp/（2023 年 5 月 21 日参照）

文化デジタルライブラリーとは
　https://www2.ntj.jac.go.jp/dglib/contents/learn/edc27/genre/kagura/mikomai/index.html
　（2023 年 5 月 21 日参照）

BISHOP MUSEUM　https://www.bishopmuseum.org/japanese-featured-article-4/
　（2023 年 5 月 21 日参照）

渋川伊香保温泉観光協会　https://www.ikaho-kankou.com/（2023 年 5 月 21 日参照）

イマナニ　https://s-imanani.com/blog/?p=41954（2023 年 5 月 29 日参照）

第2部

ハワイの多様な魅力が
日本人を魅了する

第6章
守るべき自然環境

　私たちがハワイに魅せられる理由の一つは，ハワイの豊かな自然環境に触れることができることである。しかし，実は外来種の侵入によって，ハワイに存在している固有種の動植物が危機にさらされているという。どのような危機にさらされているのであろうか。私たちを魅了する豊かな自然環境を守るために，私たちにできることは何だろうか。それにはまず，現在ハワイの自然環境がおかれている状況を知ることが必要であろう。そこで，第6章では，ハワイの固有種の動植物について理解を深め，それらがなぜ重要なのかを考える。さらに，ポリネシア人がハワイに持ち込んだ植物とは何かを明らかにし，ハワイの在来種や固有種を守る活動に触れる。最後に，自然環境への理解を深めるためのインタープリターの役割と自然を守るツーリズムについて，加えて，私たちが自然環境から学ぶことについて明らかにする。なお，この章では，主にハワイ島に焦点をあてて，守るべき自然環境について考えたい。

第1節　ハワイのネイティブ植物

1．ハワイ固有種（endemic）とは何か

　コケや藻類を除いて，現在ハワイには約1,400種のネイティブ（native）植物が残っている。人が持ち込んだものではなく，人の渡来よりも前からハワイ諸島に存在していた，いわゆる在来種だ。ネイティブ植物の祖先種は，風，鳥，海流とともにハワイに渡ってきた。在来種には2つのカテゴリがある。ハワイ以外の地域にも生息するものはインディジネス（indigenous）種と呼び，ハワイで独自の進化を遂げて，ハワイのみ生息するものはエンデミック（endemic）

写真6－1　ナウパカ・カハカイ

(筆者撮影)

種と呼ぶ。エンデミック種とは固有種のことだ。例えば，海岸でよく見かける
クサトベラ科クサトベラ属のナウパカ・カハカイがある（写真6－1）。この植
物はハワイ諸島だけでなく，太平洋からインド洋にかけての熱帯・亜熱帯の海
岸や，日本では南西諸島や小笠原諸島にも分布している。この植物はインディ
ジネスである。ハワイ固有種のクサトベラ科クサトベラ属が複数ある。ナウパ
カ・クアヒヴィと呼ばれる4種と，ドゥオーフと呼ばれる種，オヘ・ナウパカ
と呼ばれる種がある。このように孤立したさまざまな環境に適応して多様に分
化して，多くの固有種が生まれる，それを適応放散と呼ぶが，ハワイにはクサ
トベラ科クサトベラ属よりも，はるかに多くの種に分化したものもある。ハワ
イに存在する在来種のうち，約90パーセントは固有種だ。

2．ハワイ固有種の植物

　2022年にフトモモ科オヒア・レフア（写真6－2）がハワイ州を象徴する固
有種の木として指定された。この種はネイティブ植物で形成された原生森林の
約80パーセントを占めるほどハワイの生態系で重要な種だ。海岸近くから標
高約2,800メートルの環境まで，降雨量の少ない乾燥した環境から湿地まで，

写真6－2　オヒア・レフア（中央の木）
（筆者撮影）

写真6－3　コア（中央の木）
（筆者撮影）

溶岩大地から土が多い環境まで，多種多様な環境に適応した木で，花は黄色や
オレンジ，赤もあり，葉の形状もさまざまである。同じオヒア・レフアと呼ば
れていても，カウアイ島固有のものや，オアフ島固有のものもある。オヒア・
レフアは，それぞれの環境で，さまざまなネイティブ植物や鳥や昆虫と密接に
相互作用しながら共存している。その構成は島によって異なり，また同じ島の
中でも場所によって異なる。それぞれの場所での生態系がある。

　現在では，ウクレレなどにもよく用いられるマメ科のコア（写真6－3）とい
う木もハワイ固有種だ。コアの木はオヒア・レフアとは異なり，溶岩台地の
ような土のない環境には生えてこない。カメハメハ一世の時代には，ハワイ島の
コアの木で何百艘ものカヌーが造られた。過去の過剰な伐採により，現在のハ
ワイにはコアの大木は残念ながらほとんど残っていない。ハワイ固有の蝶は2
種しかいないが，その一種であるブラックバーンズ・ブルーの幼虫にとって，
コアの葉は大事な食べ物だ。もう一種のカメハメハ・バタフライはコアの木の

樹液も吸う。この蝶の幼虫は，ママキというハワイ固有種のイラクサ科の木の葉を食べる。日本でイラクサといえば，葉の表面にうぶ毛のような細い棘があり，触ると鋭い痛みを感じる植物として知られているが，ママキにはこのような棘がない。ハワイではお茶にして飲む。ママキに棘がない理由は，もともとハワイには草食動物が存在しなかったからだ。ハワイ固有のラズベリー，アカラにも棘がない。ハワイ固有のミントは何種もあるが，それらにはミントの香りがないのも同じ理由だ。またハワイ固有種のミントの花や，ハワイ固有種のロベリアの花は，長くカーブした形をしている。これはハワイ固有種のイイヴィと呼ばれる鳥や，すでに絶滅してしまったその仲間たちのクチバシとそっくりな形で，共進化[1]の素晴らしい例である。ハワイは鳥と花，虫と花の共進化の例が多い。

３．ハワイの固有種の鳥や昆虫

　ハワイ固有の鳥たちの多くは，森林伐採や開拓により生息地を失い，外来種の侵入の影響も受け，すでに絶滅してしまった種が多く，現在はわずかに残った種が限られた場所にしか残っていない。残った種の多くは絶滅危惧種だ。アララ（ハワイガラス）のように野生の個体はもういなくなり，飼育センターにのみ残っている種もいる。だがハワイ州鳥として指定されているネーネー（ハワイガン）のように絶滅寸前となっていたが，保護の結果，絶滅から逃れることができた種もいる。

　蚊が媒介するマラリアによって絶滅寸前となっている鳥たちに関しては，現在のところ蚊の避妊しか望みはない。温暖化とともに，蚊の生息範囲が年々固有種の鳥たちが残っている山側へと広がってきており，これ以上待てない状態だ。避妊法は，ハワイの蚊にみられるウォルバキアという細菌の株と互換性のないウォルバキアを持つ雄の蚊を使用する。この雄蚊が雌と交尾しても，卵は孵化しないので，蚊の個体数は減少するというわけだ。この試みは，2024 年までにマウイ島とカウアイ島から始める予定である。

　ハワイ島マウナケアの東側の中腹に位置するハカラウ・フォーレスト国立野

写真6－4　アキアポーラーアウ（カワリハシハワイミツスイ）
（Jack Jeffrey 撮影）

生生物保護区のオヒア・レフアやコアが林冠を形成する原生の森林には，数多くのその他のネイティブ植物も生えている。そこにはイイヴィ，アパパネ，アマキヒ，アキアポーラーアウ（写真6－4），アラヴィー，アーケパという名前のハワイミツスイが生息しているが，そのうち最後に挙げた3種はハワイ島固有で絶滅危惧種だ。その他にエレパイオやオーマオも生息している。これらもハワイ島のみに生息する種だ。この保護区では過去に森林が伐採されて牧場として利用されていた場所での森林再生も行っているが，これらの鳥たちが森林再生を行ったところをすでに利用している。ハワイはどの島も固有種の鳥たちが生息しているところはわずかにしか残っていないが，この保護区以外の場所は鳥たちの個体数が著しく減少している。どの鳥も，どの虫も，どの植物も，なくてはならない存在である。受粉していた鳥や虫がいなくなると，受粉してもらっていた植物が減る。そのような植物が減ると，鳥や虫も減る。植物の実を食べて種を運んでいた鳥がいなくなるのも困る。ハワイでは絶滅種や絶滅危惧種が非常に多い。

4．ネイティブ植物が教えてくれること

　プランテーションや牧場や住宅地開発などのために森林が過剰に伐採された跡地は，現在は外来植物だらけの環境となっている。現在はネイティブ植物よりも外来植物のほうが圧倒的に多い。見た目に美しいもの，食べられるものなど人為的に持ち込まれたものも多い。レイによく用いられる外来種のプルメリア，ピカケ，プアケニケニなどのように植えられたところから種や株で増えていかない外来植物ならまだ良いが，帰化して繁殖力が強すぎるものは困る。世界の侵略的外来種ワースト100に指定されている動植物の多くがすでにハワイに持ち込まれてしまっている。ハワイで現在もっとも原生の環境に悪影響をもたらしている外来種として，植物であればキバナチュウシャク，キバンジロウやアメリカクサノボタンなどがある。ネイティブ植物たちが生息する環境に侵入し，その場所を奪い取っていく。動物ではマングースやヤギなどが挙げられる。マングースは地面にいる鳥たちを捕食し，ヤギは植物を食い尽くしてしまう。

　残念なことに特にコンクリートで覆われた都市から来た人々は，侵略的外来植物で覆われた大地を見て，手つかずの大自然と勘違いしているようだ。現在，ネイティブ植物が多く残っている環境は，ハワイ諸島全体の約40％だけと言われており，保護されているのはそのうちのほんの一部である。残っている森林の多くは雨林で，降雨量が少ない乾燥林は5％未満しか残っていない。

　侵略的外来植物だらけの環境では，それらの植物の「自己中心型」の生き方に気づく。侵略的外来植物はその他の植物を寄せ付けず，強引に自分だけの環境を作るからだ。しかし，ネイティブ植物の環境では，種の多様性があり，優しくお互いを支えあっている素晴らしい生き方に気づくことができる。つまり，その環境は私たち人間も「自己中心型」の生き方ではなく，優しく互いを支え合って生きるべきなのだなと気づかせてくれるのである。ネイティブ植物の多くは控えめで地味な姿のものが多いが，その個性，優しさ，逞しさは，それぞれ皆素晴らしい。知れば知るほど，見れば見るほど，感じれば感じるほど，その体験を通して自分自身を見る目も，周りを見る目も変わっていく。そ

れまで気づかなかったことに気づき，暮らしの中にも何か変化が起きると思われる。私自身はそれを実感している。自然から心の支えや励まし，アイデアやアドバイスを与えてもらったことも多い。

　「癒し」とは一体何なのか。お手軽なまがいものの「癒し」ではないものが，本物の自然と一体化することによって得ることができる。一度試しに体験していただきたい。ただ単に見ているだけであれば，見逃してしまうものが多いことから，ナビゲートして解説できる人と体験することをお勧めする。自然離れした現代人にとって必要なことだ。ハワイ語には自然という単語がない。人と自然を切り離して考えるコンセプトではないからだ。ハワイの自然を守ることは，ハワイの文化を守ることでもある。自然の中で育まれた文化は，自然から切り離すことができないのである。

第2節　ポリネシア人がハワイに持ち込んだ植物

1．ハワイ州を象徴する木：ククイ（ククイノキ）

　ハワイの州を象徴する木として指定されているのはククイ（写真6-5）である。ハワイでは外来植物の中でも，先住ハワイアンの祖先がマルケサス諸島やタヒチからカヌーに乗せてハワイへ持ち込んだものの場合は，ポリネシアから伝わった植物と呼んだり，カヌー・プランツと呼ぶ。先住ハワイアンの生活と密接に関わってきた食料，薬，道具などになる，生きていくために必要な植物だ。日本語ならハワイの伝統植物とも言う。ククイの実は油分を多く含んでおり，火の燃料として用いられたので，キャンドルナッツとも呼ばれる。実の皮は黒い染料として，実の殻はレイに，実は炒って塩を加えて調味料として用いる。熱した実と花，生の実，樹皮，葉は下剤として用いられ，内皮は赤茶色の染料に，燃やした実の煤は入れ墨などの黒い染料に用いられた。暮らしに不可欠な植物だった。

写真6－5　ククイ

（筆者撮影）

2．他のカヌー・プランツ

　カロ（タロイモ），ウル（パンノキ），ウアラ（サツマイモ），マイア（バナナ），コ（サトウキビ），オヒア・アイ（ジャワフトモモ），ピア（タシロイモ），ウヒ（ダイジョ），オレナ（ウコン），ノニ（ヤエヤマアオキ），ニウ（ココヤシ），ワウケ（カジノキ），オヘ（タケ），キー（センネンボク），イプ（ヒョウタン），カマニ（テリハボク），アヴァプヒ（ハナショウガ），アヴァ（カヴァ）などもカヌー・プランツと呼ばれるポリネシアから伝わった植物だ。大抵ククイのように複数の用途がある。例えば，現在でもあちこちで見かけるキ（写真6－6）はティーとも呼ばれるが，葉は現在でも食べものを包むために用いたり，レイに用いたりする。昔は雨具やサンダルを作るためにも用いられたり，根ではお酒を造ることもできた植物である。ニウは，葉で籠を作ったり，葉の中心部の縦の葉脈はククイの実の燈火の支柱などに，実の殻は楽器や食器などに，実の繊維はロープなどに，内部にある液体は飲み物に，内部の固形の部分は食材に，幹は楽器などに用いられた。

写真6−6　キ

（筆者撮影）

　西洋人や東洋人など入植者の影響を大きく受け，多文化化した現在のハワイではあるが，このようなカヌー・プランツについて学んだり，ハワイ語の地名の意味を調べたり，歴史遺産を訪れたりして，少しでも先住ハワイアンの文化や歴史，価値観に触れることも大切である。そして彼らと自然との関わりを知ることも重要である。

第3節　自然環境を守るために

1．観光業が生み出すハワイのイメージと現実とのギャップ

　青空，白砂，カラフルな植物などが，多くの人が目に浮かべる楽園ハワイのイメージかもしれない。それは，ガイドブックやテレビで見た光景だろうか，実際にハワイを訪れた時の印象だろうか。ハワイには豊かな自然があるというイメージを持つ人が多い。花ならプルメリア，葉ならモンステラ，それらがハ

ワイの代表格の植物になっている。ハワイ語名がついたプアケニケニやピカケもハワイをイメージする花となっているが，これらは外来種だ。一般的に見かける鳥たちも，ほとんどが外来種である。実際のところ，自然が多く残っているというイメージのハワイ島でさえ，残念ながら約半分も原生の自然環境が失われている。雄大な景色を見てドライブしながら楽しんでいるところは，素晴らしい自然どころか，森林が過剰に伐採されて牧場となった場所であったり，外来種だらけの森林や草原であったり，ずいぶん勘違いして眺めている景色ではなかろうかとも思われる。ハワイの自然に関する事実を伝えるために使われる表現は，"The extinction capital of the world." や "The endangered species capital of the world." で，世界の絶滅の首都，世界の絶滅危惧種の首都という意味だ。観光業が演出しているイメージとは大きなギャップがある。

　ハワイの固有種はハワイの宝物だ。ハワイを訪れたら，より多くの宝物に出会っていただきたいと思う。そうすればハワイがもっともっと愛おしくなるはずだ。ハワイに対する想いも，接し方も，価値観も変わってくることだろう。外来種の植物や鳥たちは，見た目に美しいものが多い，それらを観てきれいだなと思うのは当然だ。だが控えめで地味な在来種を観て，その美しさに気づく感受性ははるかに素晴らしい。この目線は人間社会でも必要なことではなかろうか。

2．自然保護活動

　ハワイでは失われてしまった原生の環境が多いが，どこの島でもあちこちで自然保護活動や再生活動が行われている。アメリカ合衆国やハワイ州の政府機関の活動もあるが，非営利団体が行っている活動もある。例えば，ハワイ島ワイコロアでは，ほんのわずかにしか残っていない低地の乾燥林の再生活動を行っているワイコロア・ドライ・フォレスト・イニシエイティブ（Waikōloa Dry Forest Initiative）という非営利団体の活動は，もともとその近くに住んでいた住民たちのワイコロア・ヴィレッジ・アウトドア・サークル（Waikōloa Village Outdoor Circle）というグループが行っていた草の根活動で，2011 年にこの非

営利団体が引き継いでいる。ウヒウヒというマメ科の絶滅危惧種を含むわずか
に残ったネイティブ植物を守りながら，侵略的外来種の草を駆除して，グリー
ンハウスで育てたネイティブ植物をどんどん植えている。そして侵略的外来種
のヤギが入ってこれないように，広いエリアをフェンスで囲んでいる。

　ハワイ島プナでは，2014年からジャヤ・デュプイが立ち上げた非営利
団体ハワイ・エンヴラメント・レストレイション（Hawai'i Environmental
Restoration）が，ハワイ州が有する森林保護区の低地（標高が低いエリア）の雨
林の再生を行っている。オヒア・レフアが林冠を形成するこの森林には，絶滅
危惧種であるハイヴァレと呼ばれるイワタバコ科の固有種や，さまざまなネイ
ティブ植物が生息している。ここも侵略的外来種の植物を駆除して，育てたネ
イティブ植物を植えている。この森林は，活動を開始した後で，周辺ですでに
起きていた真菌がもたらすオヒア・レフアの枯死問題に直面するようになり，
林冠を形成していたオヒア・レフアが無くなると，ますます外来植物が繁殖し
やすくなった。森林を再生する絶え間ない努力が行われている。

　これら2つの活動もそうだが，大抵どの活動もスタッフの数は少なく，ボラ
ンティアの力を多く使っている。

3．水鳥の生息環境の再生

　この項では，筆者（長谷川）が行っている活動について明らかにする。

　ハワイは森林が多く失われただけでなく，湿地も多く失われてしまってい
る。オアフ島のワイキキはその典型的な例だ。現在高層ビルのジャングルとな
ったワイキキには，かつてフィッシュポンド（魚の養殖池）があり，タロイモ
畑があり，水鳥もたくさん棲んでいたところだった。現在ハワイの水鳥のほと
んどは絶滅危惧種だ。私はパンデミック中に，ハワイ島のあちこちで森林再生
のボランティア活動に参加した。どこも私が住むヒロではなかったので，もっ
と身近なところで参加できるところがないか探したが見つからず，思い切って
自分自身でハワイ固有の水鳥や渡り鳥のために湿地再生のプロジェクトを始め
た。ハワイの伝統的なフィッシュポンド（魚の養殖池）の再生でもある。ハワ

イへの恩返しとして残りの人生をこれに捧げるつもりだ。

　主に生い茂った外来種の草を抜き，木を伐採した後，ネイティブ植物を植える作業を行うが，鳥を捕食する外来種のマングースの駆除も行う。環境を再生する地道な活動である。2021年1月の終わりに開始してから3カ月もしないうちに，ハワイ固有種であり州鳥として指定されているネーネー（ハワイガン）（写真6−7）が頻繁に来るようになり，それまで約10年見かけなかったアエオ（クロエリセイタカシギ）（写真6−8）が1年数カ月後に訪れてくれた。そのように効果がはっきりと見える。正式にアメリカ合衆国が認める非営利団体に認定され，ボランティアに来てくれる地元の人や観光客も増えてきた。リジェネラティブ・ツーリズムを推進するハワイ州観光局や，ハワイ州土地・天然資源局も賛同してくれている。

　この活動は自然が教えてくれたことから始まり，自然の声に耳を傾け，自然が教えてくれることに身を任せて進行中だ。ハワイの自然とハワイの文化は密接な関わりがあり，ハワイの自然を守ることはハワイの文化を守ることに繋がり，自然について知れば知るほど，文化に触れれば触れるほど，より自然

写真6−7　ネーネー（ハワイガン）

（筆者撮影）

写真6－8　アエオ（クロエリセイタカシギ）

（Jack Jeffrey 撮影）

を守ろう，そして文化を守ろうという思いが強くなる。アロハ・アイナ（aloha
'āina 土地への愛）に導かれた活動である。土地をマラマ（mālama 大切にして管
理すること）は，私たちみんなのクレアナ（kuleana 任務）だ。自然に癒される，
癒してもらうよりも，傷んでしまった自然を癒してあげることが必要となって
いる時代だ。ギブ・アンド・テイク（Give and take）はギブが先だと考えてい
る。

第4節　自然環境への理解を深める

1．インタープリテーションとインタープリターの役割

　私たちは，ハワイの自然に触れたくて，ビーチ・パークやトレイル（小道）
に出かける。すると日本では見たことのない植物や鳥などに遭遇することが多
い。そんなときに，それらの名前や由来を知りたいと思ったことはないだろう
か。近くにインタープリターがいてくれたら，彼らが，私たちの疑問にすぐ答
えてくれるであろう。インタープリターは人間の言葉を話さない自然に代わっ

て伝えてくれる，いわば自然解説員である。

　では，そもそもインタープリテーションとは何か。フリーマン（T. Freeman, 1957）によれば，インタープリテーションとは，単に事実や情報を伝えるというよりは，直接体験や教材を活用して，事物や事象の背後にある意味や相互の関係を解き明かすことを目的とする教育的活動である（西村，2016）。

　この活動は，19世紀から20世紀初頭にかけて活動した「アメリカ自然保護の父」と呼ばれるジョン・ミューア（John Muir）から始まったと言われている。彼は自らがインタープリターとなって，人々に自然を直接体験してもらい，自然の美しさやすばらしさを伝えることを実践したのである。アメリカ合衆国では，1872年に世界初の国立公園制度を創設し，その管理を行う部署として，1916年に国立公園局が設立された。その後，フリーマンが，彼の著書「Interpreting Our Heritage」（1957）の中で，インタープリテーションに関わる諸原則を提示し，そこからインタープリテーションの技法が確立されていったという[2]。

　したがってインタープリターは，インタープリテーションの技法を使って，わかりやすい伝達の仕方で情報伝達を行う。その結果，参加者の自然環境に対する興味や関心が高まり，それに対する知識や経験も深まることで，参加者の生活に新たな視点が生まれることに繋がる（黛，2018）のである。

2．自然環境を守るツーリズム

　2000年代に入って生まれたレスポンシブル・ツーリズム（Responsible Tourism），日本語では「責任ある観光」を，ハワイ州でも推し進めている。それは，観光客もツーリズムを構成する要素であると捉え，観光客が意識や行動に責任を持つことで，よりよい観光形成を行っていこうという考え方である。ハワイに多くの観光客が訪れたことから，環境や文化の悪化が起こった，つまりオーバーツーリズムへの反省からサステナブル・ツーリズム（持続可能な観光）の概念が打ち出された。そして，新型コロナウイルスの感染拡大によって，経済を発展させながらも感染リスクを抑えて，地域の安全や持続可能性を守るために，観

光客の行動に責任を持ってもらうという考え方が重要となってきたのである。

　ハワイには，このレスポンシブル・ツーリズムの源流となった考え方がある。それは，1976年に提唱された「マラマハワイ（Mālama Hawaiʻi）」というスローガンである。ハワイ語のマラマは「思いやる心」という意味であることから，ハワイに生きる美しい自然や文化に思いやりの心を持って接することをスローガンとして，さまざまな目標や戦略が立てられてきた。また，ハワイ州では，観光客に「Be Pono Traveler」として行動することを推奨している。Ponoとは，公正と均衡，バランスのとれた状態を指す（詳細は，第7章を参照のこと）。物事が，自然環境が，人間関係が，精神状態が，健康状態がちょうど良いバランスの調和のとれた状態を指す。ハワイ州では，レスポンシブル・ツーリズムを実践する観光客は「Pono Traveler」であり，それを目指してハワイを訪れて欲しいと述べている（ハワイ観光省，2023）。

　もう一つの新たなツーリズムの形として，サステナブル・ツーリズムの発展型として注目されているのが，リジェネラティブ・ツーリズム（Regenerative Tourism）である。これは，「再生型観光」のことを指しており，訪れた旅行先をより良くして帰る旅のスタイルである。サステナブル・ツーリズムが旅行先の自然環境と地域文化の保全を第一に考えた「持続可能な観光」を意味するのに対して，リジェネラティブ・ツーリズムは，観光地の再生を意図したものであり，旅行先に着いたときよりも，去るときの方が環境がより良く改善されているという状況を目指す「再生型観光」である。吉田（2022）によると，サステナブルが危機に対してマイナスをゼロに近づける活動という意味合いが強いのに対し，リジェネラティブは，プラスの影響に積極的に参画する活動と捉えると良いのではないかという。リジェネラティブ・ツーリズムでは，観光客が自然環境と地域の文化の保全を考えた上で，その地の自然環境をより良くするために，観光客は実際にボランティア活動に参加をする。ボランティア活動に参加をすることで，自然環境に関心のある地元の人たちと触れ合うこともできる。

3．自然環境から学ぶ

　豊富な知識を持つインタープリターが案内してくれるツアーへの参加は，私たちにとって自然環境についての理解を深めるために有益である。そこで，この項では，ハワイの自然環境について学び，理解するためのハワイ島における3つのツアー[3)]を紹介する。いずれのツアーも，自然を見て楽しむだけでなく，そこに生きる動植物の生態や人と自然との関わり，さらには現地の人々の生活や文化について体験して学び，保護や保全への関心を高めることを目的として催行されている。いずれもレスポンシブル・ツーリズムであり，リジェネラティブ・ツーリズムである。

（1）バードウオッチング・ツアー

　このツアーは，ハカラウ・フォーレスト国立野生生物保護区に行き，ハワイの固有種の鳥や植物などを見て，学ぶツアーである。「ハカラウ」とはハワイ語で「たくさんの止まり木」という意味を持ち，この保護区は今でも鳥の重要な生息地となっている。ここには，巨大なコアの木や1,000年近く生きていると言われるオヒア・レフアの木，シダなどさまざまなハワイの固有の植物，さらにイイヴィ（ベニミツスイ），アパパネ（アカミツスイ），アーケパ（コバシハワイミツスイ），アマキヒ（ハワイミツスイ），アラヴィー（キバシリハワイミツスイ），アキアポーラーアウ（カワリハシハワイミツスイ），エレパイオ（ハワイヒタキ），オーマオ（ハワイツグミ），イオ（ハワイノスリ），ネーネー（ハワイガン）などをはじめとする希少な鳥類を見ることができる。

　ハワイの森林に棲む固有種の鳥たちを保護するために1985年に設立されたハカラウ・フォーレスト国立野生生物保護区は，とても貴重な場所である。過去のサトウキビプランテーションや牧場などの開発のために，ハワイ諸島はどこの島も森林が伐採され，残った自然環境も外来種の草食動物の食害にあい，また火事により一気に失われ，そして気候変動による環境の変化や鳥の病気を媒介する蚊が標高の高いところにも繁殖するようになり，ハワイのわずかにしか残っていない森林に棲む鳥たちの個体数が急速に減少している。ところが，

ハカラウ・フォーレスト国立野生生物保護区でのみ，個体数が安定，種によっては増えている。これは保護区のスタッフや多くのボランティアたちが森林再生を行ってきたからである。

（2）ハワイ火山国立公園ツアー

　キラウエア火山とその北西に位置するマウナロア山を含めた1,332平方キロメートルという広大なエリアがハワイ火山国立公園である。この公園は世界的に見ても最も活発な火山の1つであるキラウエアと，世界的に最も体積が大きな活火山マウナロア[4]を有し，地球の歴史において地学的，生物学的に重要な特性があるとして，1987年にユネスコの世界遺産（自然遺産）に認定された。このツアーでは，ハイキングをしながら，今も活発に活動するキラウエア火山を見学するだけでなく，溶岩台地に根付きはじめた植物をみることができる。海抜数メートルの溶岩大地から約1,200メートルの雨林まで，さまざまな気候や地形があり，神々しい火山の息吹を感じながら，そこで育まれた自然環境を比較し，独特なハワイの在来種や固有種の植物を観察するのである。ハワイ火山国立公園というと「火山」を見に行くイメージが強いが，素晴らしい雨林や数多くの在来種，固有種など，十分に時間をかけて散策すべき場所である。

（3）マラマ・アイナ・ツアー

　ハワイ語の「マラマ・アイナ」とは，「大地に愛を」という意味である。このツアー名からわかるように，ハワイの大地に愛を持ち大切にすることを学び，実践するツアー内容となっている。ハワイ火山国立公園，ハカラウ・フォーレスト国立野生生物保護区などに行き，五感を使って自然に触れ学ぶとともにボランティア活動に参加をするツアーである。ボランティア活動として，例えば，アイナ・ホオラ・イニシエティブ（'Āina Hoʻōla Initiative）が行っている水鳥の環境再生のためのロコワカ・ポンド（Lokowaka Pond）とその周辺の池の復元のためのボランティアに参加をする。具体的には，地元の人々と一緒に池に生えてしまった外来種の植物を抜き，本来生えていた在来種の植物を植

えるなどのボランティア活動で，水鳥の環境再生だけでなく，古来の魚の養殖池の復元でもある。パンデミック明けに新たに催行されるようになったツアーで，よりネイティブ・ハワイアンの考え方や文化との結びつきが深い内容で，参加者がマラマ・アイナを実践する内容となっている。

4．自然環境は人生を変える

　上記にあげたインタープリターによるツアーに参加をし，自然環境に触れボランティア活動を行った参加者は，どのような感想を持っているのであろうか。参加者のアンケート[5]からは，いくつかのキーワードが抽出できる。

　① 感　動

　　自然の偉大さに，動植物が共生して生きる姿に，ハワイ島のダイナミックな生態に感動した，壮大なハワイの自然を見て触れて感激したなど

　② 楽しさ

　　新たなことを知る楽しさ，一緒にツアーをした仲間と時間と感動を共有する楽しさ，素晴らしい体験，笑いの絶えないツアー，楽しく思い出に残る旅行など

　③ 癒　し

　　心と体をニュートラルポジションに戻す，心を整える，癒されるなど

　④ パワーをもらう

　　見聞きしたものすべてから生きるパワーをもらう，自然から，インタープリターからパワーをもらう，再生力を得る旅など

　⑤ 気づき

　　目の前にある種が別の種に押されている，絶滅種をつくってはいけない，生態系を崩してはいけない，新しい発見や視点を得たなど

　⑥ 学　び

　　学びが多い，自然保護の大切さを学んだ，森を守るべき人間の責任を考える，自然，文化，歴史を学びたい，さらに深く学びたいなど

　ツアーの参加者の感想からは，ハワイの自然環境に感動し，楽しい時間を過

ごしたこと，五感を使って豊かな自然に触れたことで，癒され，自然やインタープリターからパワーをもらったことが示されている。また，参加者は多くの気づきを経験している。気づきとは，周囲の環境や人の行動から自分の中でまったく思いもよらなかったことを発見することであり，それがツアー中に起こっていることが推測できる。自然環境に対する興味や関心が高まり，知識が増え，そこに学びが生まれ，新たな視点を得ていることがわかる。また，これらの結果が，自然を愛し，参加者とともに感動を分かち合っているインタープリターによって生じたものであることを，多くの参加者が認識していた。インタープリターが上記（1．インタープリテーションとインタープリターの役割）に記載したようにインタープリケーションの適切な技法を使って，情報伝達をしたことによっておこった結果なのである。さらに，「生きている意味を考える」，「自分の人生を変えるきっかけとなる」などの感想があげられており，ツアーに参加し自然環境に触れ学ぶことが，参加者の人生をも変える大きな経験となっていることも明らかにされている。ハワイの自然環境は，私たちを魅了するだけでなく，私たちの人生にも影響を及ぼすのである。

　第6章では，ハワイの豊かな自然環境を守るために，ハワイの固有種とは何か，また，それらがハワイの自然環境に果たす役割を明らかにした。その上で，ハワイの自然環境がいつまでも豊かであるように，私たちにできることは何かを考えてきた。その結果，ハワイの自然と文化を保全していくためには，ハワイを訪れる私たちがハワイの歴史，文化，自然について学ぶと共に，訪れたときよりもより良い状態にしていくよう心がけることが必要であることが明らかになった。それは，ハワイの自然環境に魅せられている私たちに課せられた責任とも言えるであろう。

【注】
1）共進化とは，生物が他の生物に適応していく過程で，両方の生物が互いに進化し合うことを指す（ブリタニカ国際大百科事典）。
2）日本においてインタープリテーション活動が本格的に行われたのは，1980 年代になって

からである（西村，2016）。

3）これらのツアーは，ハワイ・ネイチャー・エクスプローラーズ（Hawaii Nature Explorers）のインタープリター，筆者である長谷川によって催行されている（http://www.hawaii4u2c.com/tours/）（2023 年 6 月現在）。

4）2022 年 11 月 27 日にハワイ島のマウナロア火山で噴火が始まり，島の住民に警戒を呼び掛けた（NHK NEWSWEB, 2022）。

5）2017 年 1 月 28 日〜2022 年 5 月 8 日までの宝箱（お客様の声）（ハワイ・ネイチャー・エクスプローラーズ）を整理し，抽出した主な感想をまとめたものである。

引用・参考文献

黛陽子（2018）「国際観光とインタープリテーション—地域住民の手で観光振興」p.235　山口一美・椎野信雄編著『新版はじめての国際観光学—訪日外国人旅行者を迎えるために—』，創成社

西村仁志（2016）「インタープリテーション活動の新しい動向」同志社政策科学研究，91-98.

吉田博詞（2022）私の視点　観光羅針盤 331「リジェネラティブ・ツーリズム」，観光経済新聞

参考 URL

レスポンシブル・ツーリズム情報サイト　Malama Hawaii　ハワイ観光省　ハワイ州
https://www.allhawaii.jp/malamahawaii/responsible_tourism/（2023 年 6 月 10 日参照）

"世界最大" ハワイ島マウナロア火山が噴火，警戒呼びかけ　NHK NEWSWEB
https://www3.nhk.or.jp/news/html/20221129/k10013907571000.html
（2023 年 6 月 11 日参照）

ハワイ・ネイチャー・エクスプローラーズ　公式ホームページ
https://www.hawaii4u2c.com/（2023 年 6 月 11 日参照）

アイナ・ホオラ・イニシエティブ（'Āina Ho'ōla Initiative）公式ホームページ
https://ainahoola.org/（2023 年 6 月 11 日参照）

第7章
アロハ・スピリットと癒し

　ハワイに到着し空港を出ると，明るい太陽と青い空，強い日差しにも関わらず吹く風はさわやかで気持ちがいい。そして，人懐っこい笑顔とともに「アロハ！」という挨拶で迎えられる。そこであなたは，「あー，ハワイに来たのだ」という実感を持つ。次の日の朝早く，ホテルのスタッフから「アロハ」と元気の良い挨拶を受けて，海岸に行き波の音に耳を澄ませる。両手を大きく広げて胸いっぱいに空気を吸うと，心もからだも緊張から解放される。近くの公園では鳥のさえずりが聞こえ，木々の香りに心が落ち着く。癒されるのである。ハワイに行った人の多くは，こんな経験をしたことがあると思う。アロハの挨拶や豊かな自然環境に私たちは癒され，魅了される。

　そこで第7章では，アロハの言葉が意味するもの，その精神であるアロハ・スピリットについて，さらに豊かな自然環境について検討する。この検討を通して，なぜ私たちはアロハの挨拶や自然環境に癒され，魅了されるのか，その理由を明らかにしたい。また，世界的なリゾート地の一つであるハワイのホテルでは，顧客に癒しを与えるためにどのようなサービスを提供しようとしているのかも合わせて考える。

第1節　「アロハ（Aloha）」で迎えられる！

1．「アロハ（Aloha）」とは何か
　ハワイに行くと，アロハという言葉をさまざまな機会や場所で聞くことが多い。このアロハという言葉は，一般的には挨拶の言葉として使われており，「こんにちは」，「ようこそ」，「ごきげんよう」，「さようなら」などという意味を持

つ。レストランで，ホテルのロビーで，海岸で，その多くは出会いの場でアロハという挨拶を受ける。見知らぬ人からかけられる笑顔のアロハという挨拶に，私たち日本人は驚くと同時に温かい気持ちになる。

　このアロハというハワイ語の言葉を辞書で調べてみると，愛，愛情，思いやり，好意，親切，慈悲，哀れみ，同情，愛される人，恋人，最愛の，愛する，尊ぶ，崇拝する，あいさつ，よろしく，さようならなど30以上の意味があげられている (cf. 西沢，2021)。

　また，Aloha の文字を分解した説明では，Alo が「顔」，「面前」，「存在」(cf. ハワイ観光局，2022)，「懐」，「宇宙の中心」(カンフィールドら；Canfield, et al, 2003) などの意味があり，Ha には「息 (呼吸)」(ホノルル観光局，2022)，「神の息遣い」(カンフィールドら；Canfield, et al, 2003) という意味があるという。これらの意味から，アロハ (Aloha) とは何かについて考えてみよう。

　Alo が持つ「顔」，「面前」という意味からは，アロハと声をかけることが，「あなたは神様の顔が見える，面前にいます」という意味を表していることになる。また，Alo の「存在」は，人間だけでなく，目に見えない霊や精霊，その人の持つエネルギーなども存在していることを意味している。そのため目の前にいる人だけでなく，その人の魂やその人が持つエネルギーをも含めて，それらの存在すべてを讃え合い喜びあうことがアロハには含まれている (cf. ハワイ観光局，2022) のである。Alo の「懐」，「宇宙の中心」，Ha の「息 (呼吸)」，「神の息遣い」という意味については，神が宇宙の中心にいて，人はその神の懐にいて神の息遣いを感じることができる，それは神があなたを認識していることでもあるという説明がなされている。

　これらのことから，アロハと声をかけられたとき，私たちは，「今神の前にいて，あなたの存在を讃えるとともに，あなたが存在していることを喜んでいます。お互いに喜ばしい人生を送りましょう」と言ってもらっているということなのだ。さらに，セイ (R. Say, 2006) によれば，アロハとは無条件の愛を意味し，「あなたにアロハの気持ちを抱いている」と言った場合，相手の存在に愛情と最高の尊敬を抱いていると伝えていることであると述べている。

　では，アロハの気持ちを抱いて，互いに喜ばしい人生を送り共存するために，ハワイの人々はどのような価値観をもって行動すれば良いと考えているのであろうか。ハワイの詩人，哲学者，言語学者，教育者として知られていたパキ（P. Paki）は，Aloha の5つの文字を使ったアロハチャント（神への祈り）をつくっている。このチャントによって，アロハの言葉に込められた哲学的な意味がハワイの人々に広まったのである。

　チャントで書かれているアロハの5つの文字の言葉の意味は，ハワイの人々の価値観として，ハワイ州法の第5条第7項5にも記載されている。

A -"Akahai"　　思いやり，優しさ……優しさを持って感じ考える
L -"Lōkahi"　　調和，ハーモニー……調和の中にしっかりと立つ
O -"ʻOluʻolu"　　心地よさ……感情と共に思考のバランスをとる
H -"Haʻahaʻa"　　謙虚さ……謙虚さを示し謙虚である
A -"Ahonui"　　忍耐強さ……自立を学ぶ忍耐強さを持つ

（ハワイ観光局，2022）

　これらの5つの言葉が示すように，アロハは古代ハワイ人の最も重要な価値観であり（カマヘル；G. Kamahel, 1986），ネイティヴ・ハワイアンの仕事哲学でもあったという。これらの5つがバランスよく調和していることが日々の生活を豊かにし，心身の健康を導いてくれるとされている。また，アロハという言葉は，自分自身の内面の方向性（internal orientation）を示す重要な言葉であると言われていることから，相手の存在に愛情や尊敬を抱いていることを表すだけでなく，自分自身がどのような感情を抱き行動をすれば良いのか，それを指し示す言葉と言えるのであろう。

　このようにアロハは非常に深い意味を持つが，そのことを知らない人は多い。実は私も長い間，アロハは，単なる便利な挨拶の言葉だと思っていた。しかし，アロハの本来の意味を知ったとき，アロハの声かけに心が温かくなり，人懐っこいハワイの人々に魅了される理由がわかったような気がした。それは，セイ（R. Say, 2006）の言葉を借りると，アロハの声かけは「あなたの存在に愛情と

最高の尊敬を抱いている」と言ってもらっていることなのだから，私たちの心が温かくなるのである。アロハの言葉をかけてもらったときには，私たちも相手への敬意を忘れずに，心からのアロハの言葉を返すことを心がけたい。

２．挨拶としてのアロハの効用

　旅行者にとってアロハと挨拶をされることは，たとえアロハの持つ本来の意味を知らなかったとしても，歓迎の気持ちが伝わり，旅行者を温かい気持ちにさせる。初めてのハワイ旅行だった場合，入国審査で英語が通じるかどうか不安になっているときなど，こわもての入国審査の担当官が，満面の笑顔でアロハと挨拶をしてくれると，「あ，優しそうな人で良かった」と不安が吹き飛ぶ。このように出会いの挨拶は，知らない人同士の気まずさや不安感をやわらげ，警戒心を取り除いてコミュニケーションのきっかけを作ってくれる。

　さらに挨拶には３つの効用があると言われている。それらは，①相手に自分をアピールする，②それまでの相互作用に区切りをつける，あるいは開始を求める，③互いの役割を確認する，の３つである（cf. 大坊, 1999）。前述した入国審査の担当官のアロハの挨拶は，担当官があなたに気づいているということをアピールしていることであり，あなたと相互作用をしたい，つまりあなたの審査をしますというサインを表している。そして，それは訪問者であるあなたを迎えるホストとしての役割を実行しているということをあなたに伝えているのである。アロハは，あなたの存在に愛情と最高の尊敬を抱いていることを表していると同時に，挨拶としての効用も充分に果たしている。

３．日本人にとってのアロハ

　ハワイは全米で最も多民族が暮らす多民族社会である。2020年米国国勢調査によると，ハワイは人種や多様性を測定する指標であるダイバーシティ・インデックスが76％で全米第１位であったことを明らかにしている（JETRO, 2022）。したがって，ハワイでは異なる文化背景を持つ人との間でのコミュニケーション，つまり異文化間コミュニケーションをする必要がある。このよう

な場合，相互理解を深めるために言語は不可欠な手段であり，お互いが理解し合うための積極的なコミュニケーションは重要である。しかし，日本人の多くは，異文化間の積極的なコミュニケーションがあまり得意ではないと言われている。山中（1987）の言葉を借りれば，日本人は異なった文化をそれなりに認め，共存していくといった経験をあまり持たないため，自分たちと異質な人々と出会うだけで，過剰に緊張し，行動がこわばってしまうという。例えば，以下のような話を聞いたことがないだろうか。

　　　初めての海外旅行で，日本人旅行者がレストランに行ったとき，スタッフが席に案内をしてくれた。本当は外の景色が見える席に座りたいと思っていたのだけれども，案内された席は景色が見えない席だった。がっかりしたが，スタッフに席を変更して欲しいとは言わずに，我慢してその席で食事をした。

　この話のように，日本人は異文化に触れると過剰に緊張し，自分の本当の気持ちを言わない場合が多い。それは英語が喋れるかどうかといった理由というよりも，どう振舞えばコミュニケーションをスタートできるのかがわからなくなってしまうのである。また，日本人は自分の意志や感情を主張して，スタッフとの関係を悪くしたり，他のお客さんが気まずくなることを心配する。つまり相手の気持ちや立場を考えて行動することを選ぶのである。これは，良い意味で言えば他者との良い関係を保ち，集団の和を図ることに配慮する結果であり，抑制に価値を置く日本文化で育ったことから出る行動であると言える。しかし，欧米人は，自分の意志や感情を主張し，自分の考えをはっきり述べることは個人の権利であり，義務であると考えている。そこで日本人が何も言わないということは，不満を持っていないと解釈するのである。

　ハワイでは上記のような状況に陥ったとき，人懐っこい笑顔のスタッフのアロハという挨拶に，日本人は救われる。アロハの挨拶は緊張感や不安を減少させ，気持ちを軽くし自分の希望を言い出しやすい雰囲気を作ってくれる。まさ

に，コミュニケーションのきっかけを作ってくれる行動なのである。また，人懐っこい笑顔は相手に好感を持っていることを伝える行動であり，笑顔を表してもらった日本人はこのスタッフに好感を持ち，自分の希望を言っても関係が悪くなることはないと考えると思われる。このように日本人にとってアロハは，緊張感を解いてくれる言葉でもある。

第2節　アロハ・スピリット（Aloha Spirit）

1．アロハ・スピリット（Aloha Spirit）とは

　モロカイ島のローカル・スーパーマーケットであるフレンドリー・マーケット・センター（Friendly Market Center）では，マーケットの入り口に，次のような看板（写真7 – 1）が掲げられている。

　　Aloha spirit required here. If you can't share it today, please visit us some other time. MAHALO.（ここでは，アロハ・スピリットが必要とされて

写真7 – 1　フレンドリー・マーケット・センターの看板
（フレンドリー・マーケット・センターHPより）

います。もしあなたが、今日それをシェアすることができないのなら、どうぞ別の機会に私たちを訪ねてください。ありがとう。）

　この看板からは、アロハ・スピリットが日常生活に浸透し、重要な精神であるとされていることがわかる。

　ハワイ州法第5条第7項5には、"アロハ・スピリット（Aloha Spirit）"について記載がある。

　　Aloha spirit is the coordination of mind and heart within each person. It brings each person to the self. Each person must think and emote good feelings to others.（アロハ・スピリットとは、一人ひとりの心と精神の調和である。そしてアロハ・スピリットは一人ひとりを自分自身に立ち返らせる。一人ひとりは他者へ気持ちの良い感情を表さなければならない。）

　このようにハワイ州では、ハワイの人々にアロハ・スピリットを持つよう法律で規定しているのである。ちなみに、ハワイ州のニックネームは、「ザ・アロハ・ステイト（the Aloha State）」である。

　アロハ・スピリットを持って日々生活することは、ハワイの人々の心と精神の調和を保つために必要である。つまり、心と精神の調和がとれていること、バランスがとれていることは自分自身がPono（完璧な状態）[1]であることである。Ponoであれば、自分自身を愛することができ、その状態であれば相手を尊重し、思いやることができるというのである。自分が調和のとれた状態でなくなったとき、つまりPonoでなくなったとき、調和のとれた状況に戻してあげる必要がある。そのためにアロハ・スピリットを持つことは重要であり、バランスがとれている状態を保つために必要な考え方なのである。アロハ・スピリットは、人間がこうあるべきではないかと思うような理想の良心（山内・サンデイ，1997）であり、他者を敬うことを実践すること（カンフィールドら；Canfield, et al., 2003）でもある。

2．アロハ・スピリットはウェルビーイング（well-being；身体的，精神的，社会的な健康）に影響する

　上述したように，アロハ・スピリットは，ハワイの人々がバランスのとれた状態を保つために必要な考え方であり，ウェルビーイングの鍵となるもの（R. Provenzano, 2003）である。

　このことを示す興味深い研究を紹介する。モッサコウスキーとウオンカレン（K. N. Mossakowski & T. S. Wongkaren, 2016）は，多民族が学んでいるハワイ大学の学生 1,028 名を対象に，アロハ・スピリットとは何かを学び理解していることが，人種や民族に対する差別，心理的苦痛やうつ病発生にどのような影響を与えるかを検討している。対象者は，日本人 216 名（21.0％），白人 195 名（19.0％），フィリピン人 164 名（16.0％），ハワイ人 144 名（14.0％）などをはじめとするさまざまな人種で構成されていた。検討の結果，対象者の内アロハ・スピリットを学び理解しているのは，ハワイ人が最も多いという結果であった。また，ハワイに長く住んでいる人ほど，アロハ・スピリットとは何かを学び理解しており，人種差別を受けたことがあっても心理的苦痛が低く，うつ病発症のリスクが減少することを明らかにしている。また，アロハ・スピリットを学び理解することで，ウェルビーイングが高くなることも示されていた。アロハ・スピリットを学ぶことは，心と精神の調和を保つために必要なことであると理解している。したがって調和がとれていないときには，アロハ・スピリットを思い出し，その価値観に沿って行動することで，心と精神のバランスを取ろうとする，つまり Pono にすることから，心理的に苦痛にならず，幸福感が高くなるのであろう。このようにアロハ・スピリットはハワイの人々にとって重要な価値観であり，心と精神のバランスを保ち，ウェルビーイングでいるために必要なものであると言える。

　また，山中（1987）は，ハワイ特有の社会意識としてのアロハ・スピリットという独特なバランス感覚が，一つの文化や価値観が社会全体を圧倒するのではなく，複数の文化が共存し，人々は自分が属する文化や自分が信じる価値とは異なったそれが存在することを相互に認め許し合っていることを指摘している。

第3節　人は，ハワイで癒される

1．癒しとは

　山口・小口（2014）によれば，癒しとは心身の疲労を回復することをいう。癒しには，2種類の癒しがあり，それらはリラックスをさせる鎮静型の癒しと，活力を取り戻す覚醒型の癒しである（布井・高橋, 2021）。どちらの癒しを求めるかというと，日常生活が忙しい場合は鎮静型の癒しを求め，日常生活が退屈だった場合は覚醒型の癒しを求める。つまり，旅行者はハワイに滞在し，日常生活が忙しい人はビーチで寝転がり，波の音を聞きリラックスする。また反対に日常生活が退屈な人はサーフィンをしたり，シュノーケリングをして体を動かし，活力を取り戻す行動をとるのであろう。ハワイではどちらの日常生活を送っている人も，快感情が生み出され，心身の疲労を回復し，癒されることが多いと言える。

2．自然環境と癒し

　豊かな自然環境を有するハワイで，私たちが感じる癒しとはどのようなものだろうか。例えば，あなたがオアフ島のホノルルに滞在しているときに，早朝の波打ちぎわに立って地平線を眺め，砂浜を歩く。波の音が心地よく聞こえ，なぜだか心が安らぐのを実感する。しばらく歩くとカピオラニ公園に着く。バニアンツリーやモンキーポッドなどの木々の下を歩くと，ひんやりとした空気と木々の匂いがただよい，気持ちが良い。自然に触れることで心身ともに回復するのを感じる。

　このように自然が持つ回復効果について，心理学者のカプラン（S. Kaplan, 1995）が「注意回復理論」を用いて説明している。カプランは，人間には意図的な集中が必要な注意と意図的な集中を必要としない注意の2つの注意システムがあるとしている。例えば，車の運転をしている時，私たちは必要な情報を得ながら，集中して注意を払って運転をする。その時には，選択的注意を行う

ため心的労力を必要とし，特に長距離ドライブをするときには選択的注意によって疲労が引き起こされる。これに対してハワイで美しいビーチに見とれているときには，選択的注意ではなく，意図的な集中を必要としない注意システムが作動する。これをカプランは魅了（fascination）と呼び，その魅了されているときは，選択的注意は作動せず，疲労が回復すると説明している。ハワイの美しい海を見た時，私たちはその美しさに魅了され，疲労は回復し，癒される。

3．海がもたらす癒し

　そもそもなぜ私たちは，海に行きたくなるのだろうか。日本人が海に行きたくなる理由については，いくつかの説明がなされている。第一に，日本は海に囲まれていることから，潜在的に海を身近に感じているからという説明，第二に，海水の成分比が妊娠中の母体の羊水に近いと言われていることから，それに包まれたいという体内回帰への願望の表れがあるという説明，第三に，押し寄せる波のリズムには「揺らぎ」があり，私たちの体のリズム，体内の鼓動や呼吸のリズムにも「揺らぎ」があり，同じような「揺らぎ」を心地よいと感じるからという説明がされている。

　このように私たちを惹きつける海から得られる癒しについて，ジョーら（Jo, et al., 2022）がコロナウイルス感染症蔓延防止策のため人々の行動が制限されたときに，海岸や川辺などが都会の人々の健康やウェルビーイングに与える影響を検討した。その結果，人は自然に触れたい，その場所でストレスを減らしたいという動機を持って，海岸や川辺を散歩して自然に触れる行動をとる。それが，ストレスの減少と，健康維持に影響を及ぼすことを明らかにしている。

　なぜストレスが減少するのかというと，海浜環境下では副交感神経が優位となり，それがリラックス効果を生む。緊張，不安，抑うつ，怒り，敵意，疲労などを減少させ，活気を上昇させる。海岸の散歩はストレスホルモンと言われているコルチゾールの濃度を低下させ，ストレスが緩和され癒しを生み出すのである。さらに，裸足でビーチを歩くことはサンダルを履いて歩くよりも，はるかに自然へのつながりを感じ，心理的回復につながることも明らかにされて

写真7－2　カイルア・ビーチの写真

(Pixabay)

いる（リチャードとホワイト：Rickard & White, 2021）。この効果は，芝生の上を裸足で歩いたときも，同様であるという。

　海は，海洋療法として，心理・生理的健康回復に貢献している。ハワイには美しいビーチが数多くあり，例えば，オアフ島の全米ベスト・ビーチ・ランキングにも選ばれているカイルア・ビーチ（Kailua Beach）（写真7－2）で，透明な海水を眺めながら，白い砂浜を裸足で歩く。肩の力が抜けほっと一息つくことができる。

4. 森林がもたらす癒し

　次に，森や林など緑が私たちに与えてくれる癒しについて考えてみよう。

　私たちは，公園や森林に散策に出かけ，そよ風にのって漂ってくる新鮮な木々の香りをかぐとほっとして癒される。木々の香りは疲れた人の心を癒し，リフレッシュさせる。その香りは，植物から大気中に放散される揮発性のフィ

トンチッドと呼ばれる物質である。早朝に木々の多い公園に出かけ朝もやの中を散策すると気持ちが良く，それは木々のフィトンチッドの量の多いことが要因の一つである。また，武田ら（2009）の研究でも美しい森林風景を眺めながら，すがすがしい空気の中で活動をすることは，心身をリラックスさせる癒しの効果があり，血圧を下げストレスホルモンの分泌を抑制することが明らかにされている。さらに，木々の多い場所の散歩は免疫能力をあげ，ガンの予防効果もある NK（ナチュラル・キラー）細胞を活性化させるという報告（香川ら，2009）もある。

　森林大国である日本は，1982 年に林野庁が森林浴[2]という言葉で，森林に身を置くことで得られる効果について提唱したことから，多くの研究がなされている。森林浴は，交感神経の活動を抑制し，副交感神経の活動を向上させ，自律神経のバランスを整えるという効果がある。森林はこんなにも多くの効用を私たちに与えてくれるのである。

　ハワイには，多くのビーチパークやハイキング・コースのトレイルがある。「虹の谷」と呼ばれている緑深い熱帯雨林のマノア渓谷には，片道 40 分で行けるマノア・フォールズ・トレイル（Manoa Falls Trail）（写真 7 - 3）がある。たくさんのフィトンチッドを浴びながら歩いていくと，静かで優しいエネルギーをもらえる。最終地点には美しい滝，マノア・フォール（Manoa Falls）（写真 7 - 4）がある。

　さらに，色彩が癒しに与える効果もある。青系はうるおいを感じさせ癒されるという評価が高く，赤系はほっこりとした気分にさせるという研究結果がある（菊谷・川端，2020；2021）。私たちがハワイに行って，海の青さに癒されたり，地平線に沈む太陽の赤い光に，温かい気持ちになったりするのは，色彩が与えてくれる効果でもあったのだ。

　ハワイの豊かな自然環境は，さまざまな形で私たちに癒しを与えてくれる。それらに魅せられ，私たちはハワイを訪れているのである。

写真7－3　マノア・フォールズ・トレイル
　　　　　の写真
　　（ハワイ州政府観光局 HP all hawaii）

写真7－4　マノア・フォールの写真
　　（ハワイ州政府観光局 HP all hawaii）

第4節　観光ビジネスとアロハ・スピリット

1．癒されるサービスとは？

　ハワイは世界でも有数のリゾート地である。リゾート地においては，提供されている資源，自然環境やセラピーなどは，訪れた人々に癒しをもたらす。そして，世界中から癒しを求めて訪れる人々の多くは，宿泊施設であるホテルに滞在して過ごす。したがって，ホテルで提供されるサービスは，滞在している顧客に癒しを与えるための重要な要因の一つである。とりわけホテルのスタッフによるサービスは重要である。

　ハワイのホテルでは，顧客に癒しを与えるためにスタッフはどのようなサービスを提供しようとしているのであろうか。山口・小口（2013：2014）が実施した調査を通して，明らかにする。

　山口・小口（2014）は，ハワイ州における５つ星ホテルのマネージャーにインタビュー調査を実施し，癒しを与えるためのサービスとはどのようなサービスなのか，またそのサービスを提供するためにスタッフに求められる要件は何かについて回答を求めている。癒しをもたらすサービスとして，「顧客のニーズを満たすサービス」を提供することがあげられていた。例えば，リラックスしたい，ストレスから解放されたいと考えている顧客に対して，大声で声掛けをしない，ゆったりとした時間を過ごしてもらうために，邪魔をしないサービスをするなどがあげられていた。また，そのためには，それぞれの顧客が持つ異なる文化や価値観などへの理解が必要となるとの指摘もなされていた。それを理解していれば，初対面で緊張しがちな日本人の顧客に対しては，スタッフの方から明るい笑顔でアロハと声掛けをすることで，顧客の緊張を解き，希望を聞き出しやすくすることができる。

　そのために，スタッフに求められる要件としては，第一に「聴く（listen）」能力，第二に「顧客対応」能力，第三に「関係構築」能力があげられていた。これらの能力の中でも，とりわけ第一の「聴く」能力が重要であり，この能力は世界中から訪れる顧客の要望を聴き，誤解を生まないための必要な行動である。それは，相手を尊重し思いやるアロハ・スピリットで顧客に対応する行動の一つでもある。

　日本のリゾート地の５つ星ホテルで行った同様の調査では，癒しを与えるサービスとして，「つかず離れずの距離感のあるサービス」，「顧客のニーズを察するサービス」があげられていた（山口・小口，2013）。つまり，顧客に癒しを感じてもらうためには，顧客のニーズを直接聞くのではなく，少し離れた場所から顧客の動向に留意して，顧客のニーズを察してサービスをすることが必要であることが明らかにされている。このことは，文化によって癒しを与えるサービスが異なることが示されている。つまり何も言わなくても察して適切なサービスをしてもらうことに慣れている日本人顧客にとっては，海外旅行で自分のニーズを言わないとサービスをしてもらえない状況に直面したとき，サービスが悪いと感じることが起こる。しかし，ハワイでは，自分のニーズを察し

たサービスをしてもらえなくても，スタッフのアロハ・スピリットによる対応で，過度の緊張がほぐれ，自分のニーズが言いやすくなる。そのため，サービスが悪いと感じることが少ないと思われる。

　さらに，上述のハワイでの調査（2014）では，ホテルのマネージャーたちが忘れてはならないキーワードとして，敬意（respect）という言葉をあげていた。つまり，それは個々の顧客の文化や習慣，価値観を理解し，受け入れ，それらに対して敬意を持つことが必要であるというのである。また，敬意はスタッフ間でも必要なことであり，互いに敬意を持って仕事をすることが，協力して癒しを与えるサービスを提供するための基本であるという。ここでも相手に敬意を持って接する，つまり相手の存在に愛情と尊敬を抱くというアロハ・スピリットの重要性が示されている。

2．アロハ・スピリットとホオキパ（Hoʻokipa）

　ハワイ生まれのハワイ育ちでネイティヴ・ハワイアンであるセイ（R. Say, 2006）は，書籍『アロハ・マネジメント』の中で，アロハ・スピリットをマネジメントにどのように活かしていくか，その方法について明らかにしている。彼女は，書籍の中で，アロハ・スピリットにおけるアロハを含む18の価値観について説明している。その中でも，観光ビジネスにおいて重要と思われる価値観，ホオキパ（Hoʻokipa）を取り上げる。

　ホオキパとは，奉仕するというおもてなしの心，ハワイのもてなしの価値観であり，アロハ・スピリットで顧客も見知らぬ人も迎え入れることを指すという。見知らぬ人こそ無条件の愛とアロハを最も必要としている人であり，土地に不慣れな人なら，誰よりも保護や慰めの場を必要としているであろうという考えである。つまり，顧客は，外から来た訪問者である。したがって，アロハ・スピリットで対応する必要がある。顧客がハワイで普段の生活から少し離れ，リラックスして英気を養いたいと考えているのなら，できる限りその目的を達成できるように快適に過ごしてもらおうとすることがホオキパなのである。顧客にホオキパを表すことで，顧客との円滑な関係を構築することが可能となる

であろう。

　ホオキパの意味に近い言葉として，英語ではホスピタリティ（hospitality）[3]があげられる。ホスピタリティの起源として，古代の時代に見知らぬ人が訪ねてきたときに，その見知らぬ人を歓待し，宿泊や食事を提供するという風習があり，それが起源であると言われている。ホスピタリティの定義については，さまざまな定義がなされている。それらの定義を概観すると，「ホスピタリティとは，人（ゲスト）を受け入れる精神を表し，その精神から生まれる行為を表している。またその行為を通して，新たな人間関係を創造する可能性も含んでいる」と言えよう（山口，2022）。

　次に，ホスピタリティにあたる日本語として取り上げられることの多いもてなしという言葉について考える。ここでは茶の湯におけるもてなしの意味から考えてみたい。茶の湯におけるもてなしとは，相手を敬う心遣いや気配り，どうすれば相手に喜んでもらえるのかを考え，相手に対して自分にしかできないことをすることとされている。また，千（2011）によれば，茶の湯は身心（じきしん）の交わり，つまり心と心の交わりを茶の湯の方法論によって実現することでもあるという。主人は茶事を催し，考え抜いた趣向によって相手に満足してもらい，そのことで「人を招く悦び」を享受する。客としては，主人のもてなしを察し，的確に応じることで，主客間に深いコミュニケーションが成立する。その結果，主人と客との間に新たな人間関係が創られるという。

　以上のことから，ホオキパ，ホスピタリティ，もてなしはいずれも，相手を受け入れる精神を表し，その精神から相手が望む行動を起こし，その行動を通して，相手との良い関係を創り出すという意味が含まれていることが示唆されている。

　第7章では，アロハやアロハ・スピリットとは何か，さらに癒しを生み出す要因について検討した。アロハやアロハ・スピリットについては，さまざまな考えや深い意味があり，さらなる検討や理解を進めていく必要がある。しかし私たちがハワイを訪れるたびに感じる人々の温かさやすべてを包み込むおおら

かさ，また滞在先であるホテルで提供されるサービスには，アロハ・スピリットが根底にあること，それがネイティヴ・ハワイアンの人々が大切にしてきた価値観であることは理解しておくことが重要であろう。また豊かな自然環境が私たちに癒しをもたらし，その自然環境と共存して生きるハワイの人々は私たちを魅了し続けているのである。

【注】
1）Pono とはハワイ語で，公正と均衡，すべてが良好で正しいと感じる満足感，バランスよく満たされることを意味する。ハワイの文化では，人間は異なる3つの要素（心，身体，精神）から成ると考えている。ポノはこの3つの構成要素がバランスを保ち，すべての要素をもっと健康な状態にしようとする価値観である（cf. セイ，2009）。
2）森林浴とは，1982 年林野庁の「森林浴構想」に端を発し，「森林の中には殺菌力を持つ独特の芳香が存在し森の中にいることが健康体をつくる」との構想のもと発表された言葉（小林ら，2013）である。
3）ホスピタリティの起源，定義についての詳細は，山口（2022）『改訂第3版　感動を創る！　ホスピタリティマネジメント』p.4-9 を参照のこと。

引用・参考文献

大坊郁夫（1999）「あいさつ行動と非言語的コミュニケーション」『國文学』，44，28-33. 樂燈社

香川隆英・高山範理・李卿・川田智之・大平辰郎・宮崎良文（2009）「森林浴が働く女性の免疫機能を高め，ストレスホルモンを低下させた」『森林総合研究所　研究成果選集』，28-29.

菊谷敦子・川端康弘（2020）「癒し評価における色彩の効果」『北海道心理学研究』，42，24.

菊谷敦子・川端康弘（2021）「色彩エキスパートによる青色の癒し評価とその特徴」『北海道心理学研究』，43，p.52.

小林功・近藤照彦・武田淳史（2013）「森林浴の歴史について」『群馬パース大学紀要』，15，57-61.

西沢佑（2021）『ハワイ語の手引き』，千倉書房

布井雅人・高橋衿那（2021）「癒しの感覚をもたらす心理的変化―2種類の癒しについての検討―」『日本認知心理学会第 18 回大会発表論文集』，96.

セイ，ローザ著，本田直之（監訳）（2009）『アロハ・マネジメント』，講談社 Say, R.（2006）『Managing with Aloha: Bringing Hawaii's universal values to the art of business』Ho'ohana publishing.

千宗屋（2011）『茶　利休と今をつなぐ』，新潮新書

芝田征司（2013）「自然環境の心理学―自然への選好と心理的なつながり，自然による回帰効

果─」『環境心理学研究』, 1(1), 38-45.

白井珠美・岩崎寛 (2012)「千葉県の海岸林及び海岸における癒しの効果の検証」『日緑工誌』, 38(1), 9-14.

武田淳史・近藤照彦・武田信彬・岡田了三・小林功 (2009)「森林浴の癒しと健康増進効果について」『Heart's Original』, 日本循環器学会第72回総会・学術集会, 41(4), 405-412.

山口一美 (2022)『感動経験を創る！　ホスピタリティマネジメント』第3版, 創成社

山口一美・小口孝司 (2013)「対人サービスから見たリゾートにおける癒し」, 『日本社会心理学会第54回大会発表論文集』, 401.

山口一美・小口孝司 (2014)「対人サービスから見たリゾートにおける癒し─米国リゾートの調査から─」『第29回日本観光研究学会全国大会学術論文集』, 423-424.

山中速人 (1987)『アロハ・スピリット　複合文化社会は可能か』, 筑摩書房

山内雄喜・サンデイ (1997)『ハワイ音楽パラダイス〜虹のアロハ・スピリット』, 北沢図書

Canfield, J., Hansen, M. V., Linnea, S. & Rohr, R. S. (2003)『Chicken soup from the soul of Hawaii: Stories of Aloha to create paradise wherever you are』Deerfield Beach, FL: Health Communications.

Jo, T., Sato, M., Minamoto, T. & Ushimaru, A. (2021) Valuing the cultural services from urban blue-space ecosystems in Japanese megacities during the COVID-19 pandemic『People and Nature』1176-1189. DOI:10.1002/pan3.1036

Kamahle, G. S. (1986)『The dynamics of Aloha, In Ku Kanaka, Stand tall: A search for Hawaiian values』375-494, Honolulu: University of Hawaii Press and Waiaha Foudation.

Kaplan, S. (1995) The restorative benefits of nature: Toward an integrative framework『Journal of Environment Psychology』15, 169-182.

Mossakowski, K. N. & Wongkaren, T. S. (2016) The paradox of discrimination, the "Aloha Sprit," and symptoms『Hawaii Journal of Medicine & Public Health』75, 8-12.

Ohnuma, K. (2008) "Aloha spirit" and cultural politics of sentiment as national belonging『The Contemporary Pacific』20(2), 363-394.

Provenzano, R. (2003)『A little book of Aloha: Spirit of healing』Honolulu-Mutual Publishing.

Rickard, S. C. & White, M. P. (2021) Barefoot walking, nature connectedness and psychological restoration: The importance of stimulating the sense of touch for feeling closer to the natural world『Landscape Research』46(7), 975-991.

参考 URL

ハワイ州観光局公式ラーニング
https://www.aloha-program.com/curriculum/lecture/detail/482 (2022年11月10日参照)
フレンドリー・マーケット・センター
https://www.yelp.com/biz/friendly-market-center-kaunakakai (2022年11月10日参照)

JETRO（日本貿易振興機構）　ビジネス短信　人種や民族の多様性でハワイ州が1位，アジア系4割弱

　　https://www.jetro.go.jp/biznews/2021/08/1748632a129596f.html（2022年11月15日参照）

Hawaii Tourism Authority VSAT 2019 Annual Report（Visitor Satisfaction Study），Statewide-Activities-Recration-Japan p.188-190

　　https://www.hawaiitourismanthority.org/research/（2023年11月10日参照）

第 8 章
利便性の高い島内の移動手段

　ハワイ旅行に行った際に，あなたは宿泊施設から少し離れたショッピングモールに買い物に行こうと思ったときに，移動手段は何を使うのか。タクシーを使って移動するのか，あるいはレンタカーで移動ということもあろう。しかし，経済的に移動したいと思ったときには，市バスを使って移動するのが便利である。また，環境にやさしい自転車を利用して移動する。さらに，世界中からハワイに訪れる観光客を対象として運営されているトロリーバスで移動するという方法もある。いずれにせよこれらの移動手段を上手に使うことで，島内の移動の利便性はぐっと高くなる。

　そこで，第 8 章では，ハワイでの島内の移動手段[1]について，ハワイの公共交通である市バス，さらに自転車を取り上げ，その特徴と利用方法を明らかにする。次に，観光客のために運営されているトロリーバスを取り上げ，日系旅行会社が運営しているトロリーバスの中でも，株式会社 JTB が運営しているトロリーバスに焦点を当てて，その誕生秘話から日本人観光客の移動手段としての利便性を考える。

第 1 節　市バスで島内観光

　市民の足はザ・バス（The Bus）という市バスだ（写真 8 - 1）。このバスを乗り継いでいくと島内一周もできる。オアフ島内では，1 日の利用者平均 21 万人，104 路線，3,886 停留所，運行バス 540 台で，ドライバーが 910 人乗務している（2018 年現在）。この市バスは，1970 年フランク・F・ファシ市長によって「マス・トランジット・ラインズ」として設立され，その後 1971 年に現在の名称

写真 8 - 1　市バス

である「The Bus」に変更された。現在は，オアフ・トランジット・サービス
社が運営している。

　ザ・バスはスマートフォンの普及で，利用する際のハードルがかなり下が
り，使いやすくなった。公式アプリ「ダ・バス 2（DaBus2）」を利用すれば最
寄りのバス停，時刻表，ルート，路線図がわかる。加えて，バスの到着予定時
刻がわかるのは，遅延することが結構起こるハワイのバスに乗る乗客にとって
はありがたい機能である。バスの路線は番号が付けられていて，停留場にはこの
番号が書かれている。Google Map 上にある停留場のマークをタップすると，
そこに止まる路線番号が現れる。また，Youtube にはわかりやすい解説があり，
インターネットには親切な説明やヒントが網羅されている。なかでもインター
ネットに掲載されている「ハワイ情報　KOKO」には目的別の一覧（街歩き，
ショッピング，ビーチ，ファーマーズ・マーケット，自然・動物，ハイキング，文化・
歴史，農園，空港）がある。例えば「街歩き」なら，カイルア，カカアコなどの

具体的な場所とザ・バスのルート番号が紹介されていて大変便利である。ワイキキから乗り換えなしで行ける人気のスポットも多いことから，はじめてハワイを訪れる日本人観光客にとっては，特に便利な機能であると言える。

　それらの路線は，①ワイキキからアラモアナセンター，②ワイキキからダイヤモンド・ヘッド・クレーター，③ワイキキからカハラ・モール，④ワイキキからアロハスタジアム，⑤ワイキキからパールリッジセンターなどである。さらにワイキキから1回の乗り継ぎで行ける人気のスポットとしては，①ワイキキからワイケレ・プレミアム・アウトレット，②ワイキキからカイルアビーチなどがある。

　ザ・バスの車両には連接バスもあり，一度により多くの乗客を乗せることができる。また，環境に配慮して，CO_2や排気ガスの量を抑制して運行するハイブリッドバスが導入されている。加えて，ザ・バスは車椅子利用者のための設備も整えている。まずバスの車体が低くなり（Kneel down），前方のドアーから折り畳み式のスロープが下りてくるので，車椅子利用者は低くなったバスの入り口から乗ることができる。その際に，バスの運転手が車内の前方の椅子を折りたたみ，車椅子の場所を作ってくれるのである。このようにザ・バスは環境にやさしいだけでなく，障碍者にも優しいバスを目指しているのである。また，バス1台に自転車が2台乗せられるように，車体前にラックが備え付けられている。2021年7月からワンデーパスの代わりにHOLOカードという非接触型の電子カードが導入された。1日に何度乗っても，7.5ドル以上かかることはない。このように，ザ・バスは日本人観光客にとっても，低価格で何度も利用できる便利な移動手段なのである。

　ザ・バスを利用する際に，参考になるガイドブックとして，『地球の歩き方　リゾートスタイル「ハワイのバスの旅」』がある。その書籍で紹介されているルートとして，例えば，「オアフ島一周ルート」（図8−1）では，アラモアナセンターから52番のバスに乗り，ドールプランテーション，ハレイワを楽しんで55番のバスに乗り換え，サンセット・ビーチ，タートル・ベイ・リゾートを経由して車窓から東海岸の景色を眺めながらアラモアナセンターに到

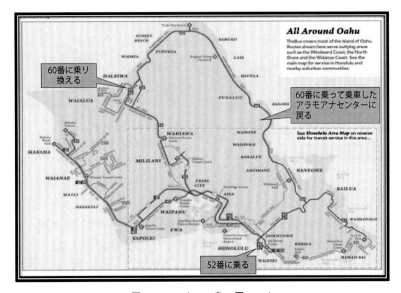

図8－1　オアフ島一周ルート

（all Around Oahu HP より筆者加筆）

着する。

　書籍には，見学個所間の所要時間，停車個所での使える時間などが示されていて利便性が高い。さらに「ショッピング三昧ルート」，「心豊かに芸術鑑賞ルート」，「ファミリー向け南東部周回ルート」，「ハワイの学生気分を味わうルート」などの興味深いルートが紹介されている。

　このように，ザ・バスを駆使できるようになれば，旅行の達人と言えよう。書籍に記載されていないルートでも，地元の人が行く市場やショッピングモールを訪ねるなどすることで，ハワイの人々の日常を経験することができるため，別の楽しさがある。このように日本人観光客にとって便利なザ・バスではあるが，観光客の視点でテーラーメイドされているわけではないことや頻繁に停車するので，時間がかかることがあることは認識しておく必要があろう。

第2節　便利な移動手段：自転車

1．自転車でハワイの風を全身に受ける

　ハワイの爽やかな風を受けて自転車で走るのは，最高に気持ちがいい。時折自転車から降りて，海岸の波の音に耳を澄ませたり，空に浮かぶ雲を見上げたりすると，ストレスがどこかへ飛んで行ってしまうのを実感する。また，自転車は CO_2 を排出しないので，地球温暖化対策にもなる。さらに，他の移動手段と比べて自転車の長所は，第一に，市バスが停車しない場所や自動車で通れない細い道にも入ることができる。例えば，たまたま通った細い道が気になって，その道を進んでいくと，目の前の絶景に息をのむという嬉しい経験をすることもある。第二に，徒歩で散策するよりも，広範囲を回ることができる。ビーチまで徒歩で行くにはちょっと遠い場所でも，リュックにシートやサンドイッチ，飲み物などをいれて，自転車で行けば，短時間で現地についてそこでピクニックを楽しむこともできるのである。

　自転車に乗ることの最大の長所は，自転車が他の移動手段に比べて，心身への効果があるということがあげられる。自転車に乗ることは，全身を使う有酸素運動なので，心肺機能や筋力アップ，ダイエット効果がある。さらに，袖木ら（2018）は，自転車に乗ることで，緊張や不安，抑うつや落ち込み，怒りや敵意などが軽減することを明らかにしている。公共交通や自動車を使って通勤するよりも，自転車通勤すると気分が良い状態で仕事を開始できるという報告（土浦市役所，2018）もある。

　加えて，自転車を利用して自然の中を走るサイクリングの経験は，楽観性や統御力，さらには行動力の成長につながるという研究結果も出されている（生方ら，2023）。つまり，野外活動であるサイクリングは，向かい風にあったり，坂道を登ったり，あるいは暑さ対策をする必要がある。また，どの道を行けば目的地に速く着くことができるのかなどを考えたりすることになる。それらの経験を通して，何とかなるというポジティブな見通しを持つ楽観性や，自分の

体力を考慮して無理をせずに休憩するなどの統御力，あまりの暑さに途中でやめたくなっても，なんとか目的地まで行こうとするなどの行動力がつくというのである。このように移動手段に自転車を使うことで，私たちは，多くのメリットを得ることができる。

　私たちがハワイに旅行に行ったときに，移動手段として自転車を利用するには主に2つの方法がある。それは，①レンタサイクルを利用する。②シェアサイクルを利用する，である。まず①レンタサイクルを利用する場合は，近くのレンタルショップで自転車を借りる。何をしたいのかによって選ぶ自転車も異なってくるので，ショップのスタッフに相談して選ぶと良いかもしれない。例えば，アメリカの西海岸のサーファーたちがビーチまでの移動に利用していたことから名前が付いたというビーチクルーザーは，ホノルル市内の移動にも，公園や近くの海岸に行く時でも利用できる自転車である。レンタル料金は，ショップや借りる自転車の種類，借りる時間によっても当然異なり，あるショップではビーチクルーザーのレンタル料が2時間＄12から借りられて，8時間は＄22であった。

　レンタサイクルで行くおすすめのサイクリングコースはたくさんあり，初心者向きのコースとして言われているのが，カラカウア・アベニューを出発してダイヤモンド・ヘッドを一周する総移動距離約8.5kmのコースである。行きは上り坂だが，海を見ながらゆっくり走れて，途中にある駐車スペースでは，ロコサーファーたちの姿を眺めながら休憩もできる（図8-2）。

　また，ザ・バス（No67カイルア行き）でカイルアに行き，そこで自転車を借りて，ハワイ屈指の美しいビーチ，カイルア・ビーチとラニカイ・ビーチを満喫し，その後カイルアの町を散策するというコースなどもある（ハワイ観光省，2023）。

　②シェアサイクルとは，ホノルルで2017年6月からスタートした「ビキ（biki）」というシェアサイクル・サービスである（写真8-2）。バイクシェア・ハワイ（Bikeshare Hawaii）によって運営されている「ビキ」には，約1,300台の自転車が用意されており，130以上のバイクステーション（Bike station）が

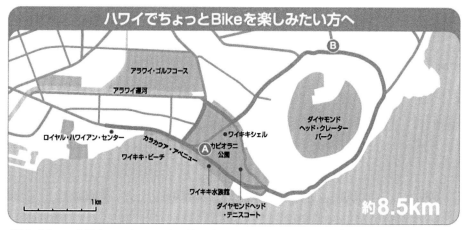

（Ⓐカピオラニ公園内のバイクロード，Ⓑダイヤモンド・ヘッドの入り口）

図8－2　ダイヤモンド・ヘッド一周のサイクリングコース
（ハワイ州観光省「旅スポハワイ」特設サイトより）

写真8－2　シェアサイクル「ビキ（biki）」
（Biki 公式 HP より）

ある。ホノルルの周辺をめぐるのに便利な自転車である。

「ビキ」の返却は，ビキのバイクステーションであればどこに返しても良い。
観光客の場合はバイクステーションで料金をカードで支払い，借りることがで

きる。料金は観光客向けと在住者向けがあるが，観光客向けでは，ワンウエイ
(One way) が30分以内で＄4.50，ジャンパー（the Jumper）は25時間乗り放題
（ただし1回の利用は30分以内）＄12で，これは短距離で何回も移動するときに
便利である。エクスプロラー（the Explorer）は300分乗り放題で＄30（1年間
有効）で，ハワイの旅行中は「ビキ」を使おうと考えている人に適している。
カードでの支払いが終わった後に乗車コードが発行されるが，それが発行され
る前に，自転車のタイヤがパンクしていないか，チェーンなどの故障はないか，
サドルは安定しているかなど自転車の状態を確認しておく必要がある。なぜな
ら乗車コードの有効期間はコードが発行されてから5分と短いからだ。借り方
や返し方の詳細はネットで確認をすることをお勧めする。

　自転車に乗る際には，ハワイの交通ルールをきちんと確認しておきたい。①
車道あるいはバイクレーン（写真8－3）を右側通行する。バイクレーンがある
場合は，遠回りになってもそれを使う方が安全で，速く着ける。②信号は，自
動車または自転車専用の信号に従う。③横断歩道では必ず一時停止，信号のな
い交差点でも一旦停止する。ハワイでは歩行者優先の意識が高い。④基本的に
自転車は車道走行である。⑤自転車の駐輪は決められた駐輪場に止める。以上

写真8－3　自転車専用道「バイクレーン」
（アロハストリート公式HPより）

のような交通ルールを守って，移動手段としての自転車を有効活用していくことで，ハワイでの滞在がより思い出深いものになる。

第3節　トロリーバス：株式会社 JTB ハワイのオリオリ誕生秘話

1．オリオリシステムの導入

　自転車の他に，島内の便利な移動手段として，ザ・バス以外にトロリーバスがある。これらのトロリーバスはハワイを訪れる観光客のために運営されており，巡回する場所は，観光客が行きたいと考える人気の場所である。これらのトロリーバスの中でも，ツアーでハワイを訪れた日本人観光客が，観光や買い物などをする際に，便利で快適に移動ができるようにと，旅行会社や航空会社が無料のバスを提供している。それらのバスの中でも，1991 年からハワイで営業を開始している株式会社 JTB ハワイ（JTB Hawaii Inc.）が運営するオリオリトロリーに焦点をあて，そのバスが日本人観光客の移動にどのように貢献し，ハワイで過ごす日本人観光客にとって，魅力の一つになってきたのかをその誕生秘話を通して明らかにする。

　まず，1980 年頃の日本人観光客がハワイに到着したときの状況について説明したい。その当時，ハワイツアーに参加した日本人観光客には，ホノルル空港からホテルまで送るバスは 1 台しか手配されていなかった。彼らは自分の入国審査が終わっても，ツアー参加者全員が揃うまで待たなければならなかった。飛行機の到着が重なると 1 時間以上待つこともあり，さらにバスは 1 台なので，全員がホテルまで同一行動で，個人行動は許されなかったのである。また，食事はホテルで用意されたパイナップルボードを食べ，時間調整を兼ねたお土産屋さんに立ち寄り，ホテルの部屋の用意ができる 15:00 までロビーで時間をつぶさなければならなかった。日本人観光客にとっては，旅行自体は素晴らしかったが，どうも不満が残った時代だったのである。

　そこで，1995 年，JTB（当時は株式会社　日本交通公社）がこの問題の解決に

乗り出した。それが，オリオリシステムだ。オリオリはハワイの言葉で「楽しい」という意味であり，目標は「自由，安心，快適」とした。具体的には，

　　　自由＝行きたいところに行ける足の確保 ⇒ オリオリトロリーの運行

　　　安心＝気軽に相談に乗るオリオリセンターの設置とそれに伴うオリオリフォンの貸出

　　　快適＝ホテルでの簡単なチェクイン

を目標としたのである。これらの目標を達成することで，日本人観光客にハワイで楽しい時間を過ごしてもらいたいという願いからオリオリシステムが作られたのである。

　それまで一番，不満が大きかったのは空港からホテルまでの移動手段だ。その解決策として，まずは15分おきに空港と中継地点のアロハタワーへ行き来するシャトルバスであるオリオリバスを走らせた。アロハタワーは歴史的建造物で，その地域内にオリオリステーションという中継個所を確保し，そこで旅の相談，例えば安心，安全講座といったハワイにおける諸注意，オプショナルツァーの相談，換金，ベビーカーの貸し出しなどを行った。

　次にアロハタワーと主要ホテル間を巡回するトロリー（写真8－4）を走らせた。当初は30分の頻度だった。アロハタワーで相談が終わり，好きな時間にホテルへ向かうことができた。これにより，好きな時に好きな場所へ行けるようになり，以前とは比較できないほど自由度が増した。ツアー参加者は自分の足を確保することができたわけだ。これは彼らにとって大きなメリットである。また，現代においてもオーバーツーリズムは世界中の観光の課題となっているが，ハワイの場合は，市民の足，ザ・ザ・バスと各社のトロリーの2系統を持てたことから，市民が影響をうけていない。この先見性はハワイの市民に評価された。

　オリオリトロリーの人気コースは，①アラモアナとホテル循環が一番の人気のアラモアナルート（アラモアナセンターを出発してホテルやスポットを巡るコース），②ダウンタウンルート（カメハメハ大王の像，ダウンタウン，中華街，ホノルル美術館を巡るコース），③カハラルート（高級住宅地カハラやカハラショッピング

写真8－4　オリオリトロリー

（筆者撮影）

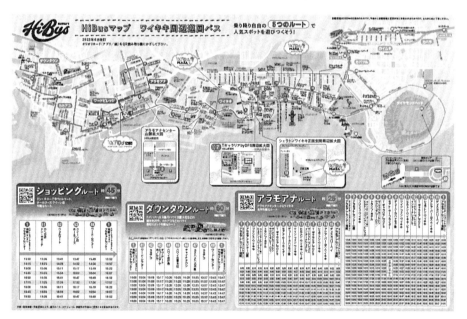

写真8－5　オリオリトロリーの人気コース

（JTB ハワイ HP より）

モールを訪ねるコース）, ④ダイヤモンドヘッドルート（ダイヤモンドヘッド登頂と土曜日開催のKCC（カピオラニ・コミュニティー・カレッジ）ファーマーズ・マーケット立ち寄りコース）, ⑤ショッピングルート（ドンキホーテ, ウォルマート, ホールフーズ・クイーン店等を巡るコース）である。

　JTBが独自に運航しているトロリーなので, コースの変更, 台数は臨機応変に対応できるのも大きなメリットであった。かつて, お笑いタレントのとんねるずの番組で出雲大社を訪ね, 宮司さんと絶妙な会話の応酬を行った。宮司さんもとても乗りが良く, それが評判になった。そこで, 従来は, 出雲大社は初詣の時期しかコースに入れないのだが, 即, コースに組み込み好評を得た。また, カピオラニ・コミュニティー・カレッジで毎週土曜に開催されるファーマーズ・マーケット（朝市）はもともと地元の人を対象にしていたが, 徐々に観光客にも人気が広がり, そのトレンドに対応して, この朝市を訪ねるトロリーを導入した。このように新たな評判を呼ぶ場所があったときには, 速やかにコースに入れることが可能なのである。その変化に迅速に柔軟に対応できるのも自社で独自の移動手段を持っていることのメリットは大きい。

2．アロハタワーからアラモアナセンターへ

　オリオリトロリーはその利便性がお客様に伝わり, ルックJTBは予約数を伸ばした。しかし, 2008年頃のオリオリトロリーは, 周りにさほどレストランや買い物をする場所のないアロハタワーに立ち寄っていた。リピーターにとっては, 関所に寄るように映ったのである。そこで新たな場所として, アラモアナセンターが候補にあがった。アラモアナセンターは, 米国, 屈指のスペースを誇り, 高級ブランド店, レストラン, フードコートがたくさんあり, 常に流行の先端を行く場所であった。周りにはタイ料理, 韓国料理, カジュアルなイタリアンなどのB級グルメの店が目白押しであり, 80％以上の人が滞在中に複数回訪ねる場所であった。だから, お客様にとってここに立ち寄るなら, 無理やり立ち寄らされる「関所」感はないのである。

　その当時, トロリーを持つ旅行会社各社でアラモアナセンターに拠点を持つ

旅行社は1社もなかった。理由は，人気のショッピングセンターゆえ，家賃が高かったのである。しかし，幸運なことに，アラモアナセンターから，手の届く家賃額がJTBに提示され迷わず契約をし，2010年4月から営業を開始した。手荷物一時預かりを導入し，お客様が食事や買い物に出かけている間にオリオリステーションで荷物を預かることで，手ぶらで買い物ができるようにするサービスである。

　手荷物一時預かりはサービスの一環として好評だった。ハワイは新婚旅行や海外挙式目的の人が多く，餞別のお礼などかなりの土産を購入する必要がある。そのため，まずはドン・キホーテやウォルマートで土産を買い，そのあとゆっくり自分のためのショッピングを安心して楽しみたいという心理が働いていたと思われる。第一ラウンドでドン・キホーテでの買い物をすませ，それをオリオリステーションの手荷物一時預かりに預け，手ぶらで自分の買い物にアラモアナセンターに繰り出すことができ，お客様にとって非常にうれしいサービスであった。旅行会社にとっても，お客様が預けた荷物を回収に戻るときにビジネスチャンスが生まれる。例えば，「今晩の夕食場所はお決まりですか？」，「最近，こんなオプショナルツアーが人気です」と一声かけることで，それが販売に繋がったのである。お客様とのタッチポイントができることは大切な利点であった。

　ところで，オリオリステーションはアラモアナセンター内で2回引っ越しをしている。当初は，アラモアナセンター内のトロリーの乗り降り場所は他社との共有場所だったが，オリオリステーションをアラモアナセンターに確保したので，オリオリステーションの前でお客様は乗り降りできるようになった。ただ，縦の駐車だったのでトロリーの後にトロリーが連なり，後続のトロリーの待ち時間が発生した。2回目の引っ越しで提案された条件で，これは解消された。トロリーが斜めに横に止められるようになり，1台が出るとそこに次の車両が滑り込み，ほぼ待ち時間が無くなったことからお客様の利便性が高まったのである。

3. オリオリウォーカーの誕生

　この項では，筆者が代表取締役社長であったときに，実際に関わってきたオリオリウォーカー（写真 8-6）の誕生と利便性について明らかにしたい。

　2012 年 JTB 創業 100 年を記念して，2 年前の 2010 年から，社内で何か画期的なことをしようという機運が高まってきた。その一環として，オリオリトロリーに代わる車両を導入しようと話が起こってきた。そして 2012 年を機に自前の車両を持ちたい，それには一から車両を作ろうということになったのである。15 台プラス予備のバックアップ 2 台，合計 17 台を作ることになったが，2 年間で 17 台を一から作って間に合うかと不安が広がった。車両の製造会社や運行の許可などでさまざまな問題が発生したものの安全のチェックを重ねに重ね，2012 年 4 月 1 日にまず 1 台を走らせた。わくわく感を演出するため，鯨を彷彿させる形状にしたので，社内では鯨バスの愛称で呼ばれていた。正式名称はオリオリウォーカーにし，色はハワイの虹にちなんで七色という意見も出たが，結局，赤，青，緑の 3 色になった。

写真 8-6　オリオリウォーカー

(筆者撮影)

　地元の新聞には「Most Eye Catching Vehicle（最も眼を惹く車両）」と報道された。基本的にはルックJTBのお客様だけにこのサービスを提供するということになっていたが，多くの人から「この車の乗車券はどこで買えるのだ」との問い合わせが寄せられ，地元の小学生からも「どうしても乗りたい」という声が聞かれた。そこで3月に開催されるホノルルフェスティバルのカラカウア大通りでのパレードの時，地元の小学生を招待して3色の鯨バスが走り，小学生は本当に喜んでくれた。

　ところで，オリオリトロリーとオリオリウォーカー（クジラバス）との違いは何だろうか？

① 車体の乗り心地の改良

　オリオリトロリーの車体はトラックのシャーシ[2]だったので，乗り心地はそれほど良くはなかった。そこに配慮してオリオリウォーカーはエアーサスペンションのバスのシャーシを選んだ。これで車体が安定して乗り心地が良くなった。

② 環境への配慮

　ハワイは環境問題に厳しく取り組んでいるので，JTBは排ガス規制を遵守し，それまでのトロリーよりクリーンな排ガス濃度の低公害車仕様にした。

③ バリアフリーを導入

　バスにお客様を乗せるときは車体が下がるニールダウン方式を取り入れ，車いすがスムーズに乗れるようにスロープが自動的に下りてくる仕掛けにした。車いすが2台乗れ，固定できるようにした。

④ 窓の開口部の拡大

　ザ・バスは窓がそれほど大きくなくガラスが入っているが，オリオリウォーカーは運転手のいる場所以外，基本的に窓を作らず風を楽しめるようにした。雨が降った場合のみカーテンを下ろして下方部分で止めた。

⑤ 循環コースの変更

　お客様のストレスをなくすためには，メインのホテル循環コースの頻度は8分から10分が理想であった。そこで，オリオリウォーカーはその頻度

写真8－7　カード・ホールダー
(JTBハワイから借用)

で運行を実現できる台数を用意した。オリオリトロリーの場合は15分の頻度で運行しており，交通渋滞にひっかかったりすると20分から30分かかることがあったのである。ちなみに現在は，GPS機能を利用して到着時間が読めるようになった。

⑥　愛される形状と外観

ワクワク感を演出するために，車体をクジラの形状にした。さらに，オリオリバスを入れるカード・ホールダー（写真8－7）もクジラの形にした。繁忙期の夏休みにハワイに来る小学生が喜んでくれるのではないかと期待したが，一方で大人は恥ずかしがるのではないかという一抹の不安も残った。しかし「現場は商売の実験室」。意外なことに，大人も喜んでぶら下げてくれた。「変わった形のオリオリバスに我々も乗れるんだよ」と誇らしげにも見えたのが嬉しいおどろきであった。

2019年，JTBハワイは，ハワイ州が掲げる「2045年までに再生可能エネルギーへの完全移行」の目標を念頭に，車種変更を検討し，電気バスへの移行を決めた。ハイ・バス（High Bus）（写真8－8）という総称で呼ばれる車両である。

写真 8 − 8　ハイ・バス

（JTB ハワイから借用）

依然として人気のあったオリオリウォーカーの前の車両タイプの風を感じるトロリー型車両とオリオリウォーカーの雰囲気を残す電気バスである。ホノルルで初めての 100％電気バスとなった。今では ANA も，ウミガメをボディー・ペイントした電気バスを走らせている。

　以上のようにさまざまな工夫とアイデアで，トロリーバスを走らせてきたが，日本人観光客からは，「本当に便利で自分の町のように行動できる」と喜ばれている。

第4節　これからの交通手段

　2023 年 3 月，筆者は学生 19 人を連れて，ホノルルフェスティバルのインターンシップを経験させに行った。この時，初めてハイ・バスのトロリー型に乗った。クジラバスほどの形状の面白さはないが，ハワイの景色に溶け込むかわいいバスだった。学生たちはダイヤモンド・ヘッドやいろいろな場所へ，このバ

スを駆使して訪れた。風が感じられてハワイを満喫したと語っていた。

　しかし，ハイ・バスも決まったルートを走るため，停車場以外の場所に行きたい時には不便である。そこで，新たな交通手段として，リフト（Lyft）という，いわゆるウーバー（Uber）のようなライドシェアーサービスがある。このサービスは，市民ドライバーが自家用車を運転して希望の場所に連れて行ってくれるサービスである。アプリをダウンロードして乗車場所と目的地を入力すると乗車可能な車の種類と料金が提示されるので，希望する車種を選び，目的地に着いた時点で料金に希望のチップを加算して終わり。後でカードに合計額がチャージされる。3〜4分で車が到着して，待つことはほとんどない。タクシーが拾いにくい場所や時間帯に使うのに便利なサービスであり，価格もタクシーより安い。ウーバーもほぼ同様のシステムである。市バスや各社トロリー類も必ずしもぴったりの目的地に行くわけではないが，このリフトやウーバーと組み合わせると島内移動の自由度がさらに増す。

　そして，今，期待されているのがホノルル・レール・トランジット鉄道だ。これは郊外のカポレイからホノルル国際空港経由でアラモアナセンターを結ぶ鉄道である。この鉄道は4両編成。高架を走るので地元ではモノレールと思い込んでいる人も多いが，2本の鉄路を鉄輪で走る電車である。通常時は運転手を必要としない自動運転である。サーフボードを積むラックがあるのがハワイらしい。

　オアフ島の東カポレイとアロハスタジアム間17.7キロを結ぶホノルル・レール・トランジット鉄道「スカイライン」（写真8−9）が2023年7月1日，ついに開通した。

　ワイキキ市内への通勤時の交通渋滞がひどく，バス以外に公共交通のないハワイではこの電車に寄せる期待は大きかったが，なかなか開通には時間がかかった。まさに待望の開通である（図8−3）。

　この鉄道開通のおかげで，アロハスタジアム，パールリッジショッピングセンター，そして高級ホテルのフォーシーズンズホテルやディズニー・ホテルのアウラニホテルにも行きやすくなり，観光客の行動範囲も大いに拡大すると思

写真8－9　鉄道「スカイライン」

（ハワイ政府観光局）

イースト・カポレイ⇔アロハスタジアムで開通

図8－3　「スカイライン」路線図

（筆者作成）

われる。

　各旅行会社は，日本人観光客のハワイでの滞在を快適なものにするために，さまざまな工夫を凝らしている。例えば，HIS はグルメバスを運行した。その

グルメバスは，ワイキキから少し離れたサウス・キングストリートやカパフル通りなどにある隠れた名店がある地区に停まり，日本人観光客を乗降させるユニークなアイデアのバスである。今後はこのようなひとひねりしたバスが出てくるのも楽しみである。

　加えて旅行会社が共同して運行したバスもあり，これらは今後の新たな交通手段として注目に値すると思われる。それは，2019年，ハワイ島（ビッグアイランド）の6つのホテルと3つのショッピングモールを結ぶ，旅行会社共同の「ハワイ島イブニングシャトル」である。参加した旅行会社は，JTB，近畿日本ツーリスト首都圏，ジャルパック，HIS，日本旅行，ANAセールス，東武トップツアーの7社であった。しかし，キラウエア火山の噴火による来島者減によりやむなく停止に追い込まれた。また，翌年の2020年4月から，ハワイにおける共同バス運行サービス「コナヒロ遊覧バス」の開始を予定していることをメディア向けに発表し，催行の準備を始めていた。これは，キラウエア火山の噴火で減少したハワイ島への渡航者の回復とハワイ島の商品力向上を目指すことが目的であった。参加した旅行会社は，JTB，近畿日本ツーリスト首都圏，日本旅行，東武トップツアー，ジャルパック，ANAサービスの6社であったが，コロナ禍の嵐が吹き荒れ，残念ながら催行に至らなかった。しかし，これらの試みは，ハワイの日系旅行会社が協力することで，日本人観光客のハワイでの移動を容易にするだけでなく，快適に過ごすためにも重要であり，さらなる検討をしていく必要があろう。

　以上のように，第8章ではハワイでの移動手段として，市民の足でもあるザ・バスや誰もが利用できる自転車について検討し，それぞれの特徴について明らかにした。また，とりわけ日本人観光客にとっては，日系企業が運営しているトロリーバスが島内の主要な観光地やショッピング，グルメなどを楽しむためのルートを企画，運営していることで，ハワイでの移動をより容易にしてくれていることが理解できよう。これらの異なる特徴を持つ移動手段を適宜利用できるのが，ハワイの多様な魅力の一つとなっているのであろう。今後は新

たな移動手段であるライドシェアーや鉄道なども利用することで，島内移動の利便性がより高まると思われる。

【注】
1）主にオアフ島における移動手段について，明らかにする。
2）シャーシとは，車体を乗せる骨組みのこと。

引用・参考文献

地球の歩き方編集室（2017）『リゾートスタイル　ハワイ　バスの旅』ダイヤモンド・ビッグ社
袖木豊・森川真也・吉武喜美雄・山崎祐司・佐々木英美・石川裕太（2018）「壮年期における運動効果の検証・しまなみアウトドアフィットネスでの理学療法士の関り」『第53回日本理学療法学術大会』，46(1).
生方剛・谷木龍男・戸ケ里泰典（2023）「サイクリストにおけるサイクリングの経験とフロー体験，心理学的レジリエンスの関係」『日本健康学会誌』，89(1)，15-29.

参考URL

Biki Subscriptions Built For You　https://gobike.org/fares/?visitor（2023年6月19日参照）
土浦市役所　政策企画課サイクルシティ推進室　自転車通勤体験プログラムの結果について
　〜自転車通勤で体にどのような変化が起きるのか⁉〜
　https://www.city.tsuchiura.lg.jp/page/page011770.html（2023年6月19日参照）
ハワイ州観光局　「旅スポハワイ」特設サイト　ハワイおすすめサイクリングコース
　https://runent.jp/project/hawaiibike2011/（2023年6月20日参照）
アロハストリート　ハワイの交通ルール＜自転車編＞
　https://www.aloha-street.com/article/2019/07/325808（2023年6月20日参照）
ワイキキトロリー　ワイキキトロリー：「遊ぶ・体験する」
　https://www.allhawaii.jp/spot/698/（2013年5月29日参照）
ハワイ州政府観光局　allhawaii　ホノルル高架鉄道，今夏に開業予定！担当者に状況を聞いてみた
　https://www.allhawaii.jp/article/5476/（2013年5月13日参照）
トラベルビジョン　JTBなど旅行7社。ハワイ島でシャトルバス共同運行，初の試み
　https://www.travelvision.jp/news/detail/news-81326（2013年5月13日参照）
トラベルビジョン　旅行6社が再びハワイ島でバス共同運行，来年4月から
　https://www.travelvision.jp/news/detail/news-87274（2023年5月13日参照）
ハワイ情報　KOKO　ハワイのバス旅（バスルート一覧）
　https://hawaii-koko.com/hawaii-bus/（2023年5月10日参照）

第9章
「ロコ」気分はロングステイから

　ハワイでは，アメリカ本土の出身者とハワイで生まれ育った人たちを区別するためにロコ（loco）という言葉を使ってきた。ロコは英語のローカル（local）から派生した略語で，日本では「地元」と訳すことが多い。だがハワイにおいてロコは，すべての地元の民をさすわけではなく，固有のアイデンティティを持っている人のことをさし，人種意識が強く反映されている（矢口，2011）。ガイドブックなどに多用されるロコの表記は，本来の意味とは異なることをまずは申し添えたい。

　ハワイ社会においてロコは，幾世代にもわたってハワイに住んできたことが一つの条件にあり，ハワイアンの誇りが垣間見れる。そうした事象に敬意を払いつつ，いかにロコ気分でハワイに滞在するかが本章の最大のテーマである。

　ワイキキビーチは白砂をアメリカ本土から運んで開発された人工のビーチである。環境に配慮しながら観光開発は今も続いている。これまで成長鈍化の危機をハワイは幾度となく経験してきたが，そのたびに再構築をはかり軌道修正しながら観光経済は維持されてきた。例えば，1980年代後半には「コンドミニアム」が普及してホテルと競合した。また1990年代半ばには，供給過多に陥ったホテル客室をリノベーションして「タイムシェア」の事業で再生をはかった。今では，新築のタイムシェアがホテルと共存し，借地権が主流だったコンドミニアムは底地の買い上げが進んで資産として運用がなされている。

　本章では，ハワイ・ロングステイのための基礎知識を，ビザ Visa（査証）や，コンドミニアム，タイムシェア，バケーションレンタルといった滞在施設の種類，選び方などにも言及して「ロコ」気分での滞在手法について考察する。

第1節　ハワイ・ロングステイのための基本情報

1．ハワイで暮らすように過ごす

　ロングステイとは造語で，「海外においては，生活の源泉を日本に置きながら海外の1ヶ所に比較的長く滞在し（2週間以上），その国の文化や生活に触れ，国際親善に寄与する海外滞在型余暇を総称したものである」[1]と定義されている。源泉を日本に置くということは，給与や年金などの所得が日本国内で発生し，かつ納税義務が生じることをさす。そのため移住や永住とは異なる。また，その期間は2週間以上の長期滞在型余暇で，ビザの有無についての定義はない。さらに，「ロングステイ」を商標登録する一般財団法人ロングステイ財団は，「居住施設を保有または賃借」しており，「余暇を目的」として，「旅よりも生活を目指す」としている。そのため，就労を目的に滞在することはロングステイにあたらない。どれくらいの期間，どういったビザの種別でロングステイをするかは自分次第となる。また，本稿ではロングステイと長期滞在の記述があるが，厳密には同義ではなく，長期滞在は広義で用いる。

　ハワイでのロングステイで気になるのは，ビザの問題である。ビザは長期での滞在には必要不可欠なものだが，ハワイを含むアメリカへの観光や短期商用目的での入国が90日未満の滞在の場合，ビザの取得は不要である。そのかわり電子渡航認証システム・ESTA（エスタ）を取得して，90日を超えない範囲で滞在することができる。

　ハワイでは，自分磨きのために語学研修に臨む人，フラやウクレレ，ハワイアンキルト，サーフィンやゴルフ，ヨガなどのレッスンを目的に長期滞在する人も多い。もしも90日を超えて大学や専門学校などに通う場合は，学生ビザなどの特別なビザが必要になる。

　また，ハワイには居住施設の面で，さまざまな手法が編み出されており，選択肢が多い。どのような施設で滞在をするのか，その人のライフスタイルや予算，目的にあわせて選ぶとよい。

2．ロングステイとビザの関係

（1）ESTA の基本情報

エスタとは，Electronic System for Travel Authorization の頭文字をとったもので，2009 年からアメリカで義務化された電子渡航認証システムをさす。移民国籍法 214 条 b 項に則り，アメリカでは「ビザ免除プログラム VWP：Visa Waiver Program」が導入されているが，エスタはその利用条件の一つにもなっている。そのためエスタは，ビザではないので注意しよう。

エスタの申請はオンライン上で行う。手数料は 1 人当たり 21 米ドル（2023 年 5 月末現在）で，クレジットカードでの支払いに限られる。現金は受け付けていない。本人以外の名義のクレジットカードでも申請できるので，持ち合わせがない場合は家族や知人のカードで支払うこともできる。エスタの公式ウェブサイト[2] に詳しく説明がある。

ハワイへの渡航が決まったら，すぐにエスタ申請を行うこと。審査は通常 3 日間で，72 時間以内に確定され通知が届く仕組みだが，混雑する時期は時間がかかるため早めの申請を心がけたい。エスタには有効期限がある。通常は，一度認証されると 2 年間有効で，アメリカへ何度も渡航が可能になる。ただし，2 年以内にパスポートの有効期限が切れる場合は，その有効期限日をもって無効になる。

万一，オンライン申請で拒否された場合は，在日アメリカ大使館ないしは在日アメリカ総領事館に行って手続きをしなくてはならない。また，日本のパスポートを持たない外国籍の人は，エスタとは別にビザの取得が必要なことがあるため，早めの準備が必要だ。

（2）ビザの基礎知識

ビザを日本では「査証」と呼ぶ。その人物が入国しても差し支えないとする，いわば推薦状である。ビザは入国許可証と同義ではないので注意する。

ビザ申請には，直近 5 回の渡米歴などを記載する欄があるほか，過去 10 年間に発行されたパスポートの提示も求められる。インタビュー（面接）もある。

また，金融機関が発行する預金残高証明書（ドル建て表示）などの提出が求められる。2001 年に発生した 9・11 アメリカ同時多発テロ事件以降は特に，アメリカにおけるビザ発給のための審査が厳格化された。犯罪歴があると取得できないこともあるので，注意が必要だ。

（3）アメリカの非移民ビザについて

　90 日以上の滞在を希望する場合，また，90 日以内の滞在であっても報酬を伴う就労やビジネスが目的で渡米する場合は，「非移民ビザ」の申請が必要である。

　アメリカの非移民ビザの名称はシンプルで，アルファベットで大別される。A ビザは外交・公用，B ビザは短期商用や観光，C ビザは通過，D ビザはクルー（航空会社の乗務員等），E ビザは投資や貿易などの駐在員，F ビザは留学，G ビザは NGO などの国際機関，H ビザは就労，I ビザは報道関係者……，といった具合である。ビザの種類によって申請料は異なるが，1 人 185 米ドルから 315 米ドルほどがかかる。

　ハワイで多く見られる F ビザは，学生・交流訪問者情報システム SEVIS への登録が必要で，別途，申請料がかかる。ビザの申請や諸手続きについては，「在日米国大使館と領事館」[3] の米国ビザのページを参照するとよい。

（4）パスポートと海外安全渡航について

　アメリカ入国で注意する点は，パスポート（旅券）の有効残存期間である。原則として，滞在期間に加えて 6 カ月以上のパスポート残存期間が求められている。ただし，日本のパスポートを所持している場合，日本は Six-Month Club 対象国のため，この要件が免除になる。よって日本のパスポートを持っている人は，アメリカ出国日，すなわち滞在期間満了まで有効なパスポートであることが入国条件になる。

　現在，所持しているパスポートの有効期間が 1 年未満になった場合は，事前に切替申請をするとよい。有効期間が 1 年以上の場合でも切替申請は可能だが，

赴任命令書や入学許可証などの証明が必要で，新規発給の申請時と同様の発給
手数料がかかる。従前のパスポートの残存有効期間は切り捨てになる。

　なお，海外への渡航では，安全情報を事前に外務省の「海外安全ホームペー
ジ」[4)]で確認するとともに，3カ月未満の滞在は「旅レジ」[5)]に登録すること。
また，3カ月以上の滞在は旅券法の定めにより「在留届」を提出することが義
務づけられている。

3．学びのためのハワイ・ロングステイ

　では，ハワイでロングステイをしたい場合，まずはエスタで日本とハワイを
往き来するのがよいだろう。90日を超えない範囲でハワイに滞在して，日本
にいったん帰国するか，さもなければ第三国へと出国する。第三国とは，日本
とアメリカ以外の国をさす。アメリカへの再入国時は，以前の滞在期間と同じ
程度の間をあけてからが望ましい。

　また，短期滞在者免税制度「183日ルール」についても注意したい。滞在が
年間で183日を超えると，税務上の手続きが煩雑になる。エスタでの往来を繰
り返すことで物件などの下見ができ，相場感も身につく。1年のうちの半分を，
ハワイで過ごすというライフスタイルである。ただし就労はできない。

　そこで，非移民ビザを検討するなら，できるだけ若いうちに行動を起こすの
がよい。アメリカのビザ制度は年齢が若い人，スポーツや芸能の分野などで優
れた才能がある人，資力がある人を優遇する仕組みになっている。ハワイを含
むアメリカには，リタイアメント・ビザの制度がない。「老後をハワイで」と
考えている人は，老いてからの準備では遅すぎるが，年齢を問わず語学学校な
どへ入学できるため，Fビザ，通称・学生ビザから始める中高年者もいる。

　フルタイムでの学生ビザの発給は，学校開始日より120日前から発給が可能
なので，早めに準備をする。ここでいうフルタイムとは，週18時間以上の授
業を受講する学生をさす。おけいこ留学のように学びの時間が短いと学生ビザ
が通らないので，注意が必要だ。

　学生ビザを取得して，ハワイで語学留学や大学の正規留学などを検討してい

0

る場合は，かかる費用についても十分に吟味したい。具体的に語学留学では，学費や滞在生活費，渡航費などを含め3カ月間で約100万円，1年間で最低300万円は必要で，そのほかに海外留学保険の費用やビザの申請料，現地での小遣いなどがかかる。

　例えば正規留学で，2年の通学で短大卒に相当する準学士を取得したいのであれば，ハワイ大学システム University of Hawaii System に所属する7カレッジから選ぶとよい。4年制大学への編入を目指すリベラルアーツから，1年～1年半で修了する職業訓練コースもあり，観光や調理を専攻できるカレッジもある。こうしたカレッジプログラムに入るためには，英語力を証明しなくてはならない。TOEIC のスコアが中級レベルで430以上，上級レベルで650程度は必要なので，自信がない場合は提携する語学学校で16週間以上を学び，英語力を高めてからカレッジプログラムに編入する方法をとる。こうした正規留学は秋入学が一般的だが，ハワイの場合は春学期や夏学期を用意している学校もあるので，事前によく調べよう。

第2節　ホテルにするかコンドミニアムを選ぶか

1．ロングステイに最適なアコモデーション

　ハワイ・ロングステイを実践するときに重要なのが滞在施設選びである。ホテルやモーテルをはじめコンドミニアムやコンドミニアム・ホテル，レジデンスやバケーションレンタル，タイムシェアなどを，まとめてアコモデーション（Accommodation）と呼んでいる。

　ホテルライフでは3食が外食で飽きてしまうので，おのずとキッチン付きの施設を選ぶことになるだろう。とはいえハワイのアコモデーションは多様で，それぞれにメリット・デメリットがある（表9－1）。

　ハワイは，地価はもちろんのこと生活物価は東京よりも高い。なぜなら，野菜などの生鮮食品や加工品，トイレットペーパーなどの日用品，ガソリンなどはアメリカ本土から輸送されるため，その分コストがかさみ市場価格に反映さ

表9-1　ハワイのアコモデーションの種別

ホテル Hotel	シティホテル	ビジネス目的でも利用しやすく市街に立地する。中心部ダウンタウンに比較的，アクセスしやすい。
	リゾートホテル	プライベートビーチを擁するなど風光明媚。ゆったりと過ごすためにさまざまな付帯施設がある。
モーテル Motel		アメリカ生まれの車利用での宿泊施設。本土は簡易施設が多いが，ハワイではホテルに準ずる構えで，州内にはカウアイ島やマウイ島にある。
コンドミニアム Condominium		長期滞在用にキッチンや独立したベッドルームがある。水道光熱費などは不要で清掃もある。チェックイン・アウト時間が決まっており，ホテルと同じように運営する「コンドミニアム・ホテル」もある。ホテル税課税対象。
レジデンス Residence		同じ棟や別棟に居住者がいてフロアなどで分けられている。コンドミニアムと同様キッチンやベッドルームがあり，リゾートホテルと同じくさまざまな付帯施設があるが，リゾートフィーは不要。ただしホテル税は課税される。
バケーションレンタル Vacation rental		オーナー不在のコンドミニアムやレジデンス，一軒家を第三者に貸し出す仕組みで，日本では「民泊」と呼ばれている。水道光熱費やリゾートフィーは不要だが，清掃代や保証金が必要。ホテル税の課税対象。
タイムシェア Timeshare		週単位で不動産登記するバケーション・オーナーシップの制度。コンドミニアム様式で，キッチンなども付帯する。固定資産税も含め年間の施設維持費がかかる。利用しない場合の交換制度もある。ホテル税課税対象。

（筆者作成）

れている。近くにスーパーマーケットがあるか，治安がよいかをよく調べるようにする。

　ホノルル市内は公共交通機関のザ・バス（TheBus）での移動が可能だが，オアフ島の北部エリアやハワイ島，マウイ島などネイバーアイランドは車がないと移動が難しい。ハワイ初の高架鉄道「スカイライン」に期待が寄せられているが，計画されているのは島の南部およそ30キロ，19駅の区間。2023年6月30日に，市郊外のイースト・カポレイ駅からアロハスタジアム駅までの17キロ余り，9駅の区間が開通している。滞在するエリアの交通事情をよく調べておくことが重要だ。

　ハワイでの滞在に一般の不動産賃貸のほうが安いのではないか，と考えるのは早計と言える。エスタでの入国はもちろん，学生ビザでは契約できない物件が多い。また，ハワイの不動産は高額なので購入・所有は容易ではないが，タイムシェアであれば手も届きやすい。

2．ハワイのホテルライフをリッチに満喫する

　観光立州ハワイには，ハレクラニに代表されるラグジュアリーなリゾートホテルや，ヒルトン，シェラトンなど大手のチェーン系ホテルがひしめきあい，ホテル選びにはこと欠かない。新規開業やリブランドも多くみられる。

　ハワイのホテル客室の料金は，季節変動も多少はあるが，大きくは眺望（ビュー：View）によって異なる（表9－2）。海側より山側が安く，海側であってもオーシャンフロントに比べてオーシャンビューのほうが価格は安い。パーシャルオーシャンビューであれば，かえって夜景が綺麗なマウンテンビューやシティビューのほうが安いうえに落ち着くこともある。また，プライベートビーチを持たないアラワイ運河寄りのホテルや，ワイキキビーチからかなり離れたアラモアナセンター付近などに立地するホテルは，海沿いに比べてリーズナブルな料金設定になっている。

　ホテルの宿泊料は，タリフ Tariff と呼ばれる料金表に表示される。1night，2nights といった泊数と1泊当たりのルームチャージ（室料）で決まるのが通例である。ただし，長期で滞在したいのであれば，ウィークリーレートやマン

表9－2　ハワイのアコモデーションにおける海の眺望

海の眺望	タリフ	内　容
オーシャンフロント Ocean Front	OF	客室の正面に海がみえる。遮る建造物がほとんどない。
オーシャンビュー Ocean View	OV	客室から海が見えるか，その景観を特長づけている。
パーシャルオーシャンビュー Partial Ocean View	POV	客室から海の一部が見える。

（筆者作成）

スリーレートが設定されているかどうかを，ホテルに尋ねるとよい。一般に公示されていなくても，前払いを条件に長期滞在の利用客に対して交渉次第で特別価格を提示してもらえることがある。

　ハワイ州はホテル税を1987年から導入している。ホテル税は通称で，正式にはトランジェント・アコモデーションズ・タックス（Transient Accommodations Tax）で略してTATと呼んでいる。ハワイ州のTATは10.25％で，そのほか「市郡ホテル税」が一律3％課税されるので，併せて13.25％が徴収されるのがハワイのホテル事情である。

　また，消費税も課せられる。消費税は，オアフ島とカウアイ島，ハワイ島が4.712％，マウイ島が4.166％である（いずれも2023年5月末現在）。

　ホテルによっては，リゾートフィー（Resort fee）が徴収される。1泊当たり10米ドルから60米ドル程度と幅があり，名称もホテルによって異なる。リゾート・チャージやアメニティ・フィー，コネクション・フィーといったように独自の呼称を持っている。ホテルのプールで何気なく利用するバスタオルやラウンジチェア，クラブラウンジなどの運営も，こうしたフィーで賄われる（図9－1）。

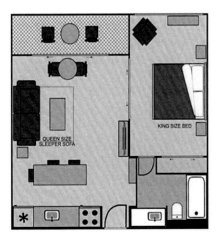

1ベッドルーム・1バスルームの
ハワイのコンドミニアム一例

図9－1　一般的なコンドミニアムの間取図
（画像提供：キャプテンクック・リゾート）

3. キッチン付きコンドミニアムに軍配

　ハワイのリピーターやロングステイヤーの多くは，コンドミニアムを利用する傾向が強い。コンドミニアムとは，独立したベッドルームに，リビングやキッチンがあり，冷蔵庫や洗濯機，コーヒーメーカーなどの家電製品や調理用具など生活するための備品，調度品が揃う。チェックイン・チェックアウト時間が決まっていて，使い勝手はホテルと変わらない。キッチンの調理器具にはフライ返しやピーラー（皮むき器）の類いもあって，収容人数分の皿やグラスも備え付けてある。

　ハワイのコンドミニアムは，日本でみられるようなシングルやツインといった表記はなく，2ベッドルーム，3ベッドルームというように，独立したベッドルームがいくつあるかが表示される。また，バルコニーのことを「ラナイ」と呼び，ラナイ付きは料金も高い。

　チェックインカウンターやキャシャーなど，いわゆるフロント機能を持つコンドミニアムを「コンドミニアム・ホテル」として細分類することもある。しかし，いずれもホテルと同様に電気代や水道・光熱費を支払う必要がない。客室清掃は毎日入る場合と週1，2回のケースもある。予約時に確認しておくとよい。料金体系はウィークリーレートやマンスリーレートがあるのが一般的で，なかには短期不可のコンドミニアムもある。

ワイキキビーチタワーのリビング（左）とワイキキバニヤンのキッチン（右）

写真9－1　コンドミニアムの一例

（筆者撮影）

スーパーマーケットや青空市場で食材を買い込んで自炊ができるので，自分で調理してビーチやゴルフ場で手作り Bento-box を持参しても楽しい。共有部分には，集合型ランドリーや野外 BBQ ができる区画，ゲスト用の駐車場などを完備する。ハードリピーターたちは親しみを込めて「コンド」と呼んで，ロコ気分を味わっている。ハワイ・ロングステイは，ホテルライフよりもコンドミニアムでのステイに軍配が上がると言えよう。

4．バケーションレンタルについて

ハワイは全米のなかでも，バケーションレンタルが早くから発達してきた。インターネットのない時代から，バケーションレンタルが形骸化しており，ハードリピーターからは略して「バケレン」とも呼ばれている。特に，短期バケーションレンタルが人気を集めており，1 泊から予約が可能な物件もある。近ごろでは，エリアによっては 30 日ないしは 90 日といった最低貸出可能期間が設けられるようになっているので，予約時に注意が必要である。

そもそもバケーションレンタルとは，遊休不動産を物件の所有者（オーナー）が第三者に貸し出すことをさす。日本でも住宅宿泊事業法（民泊新法）が 2018 年に施行されてから一気に広まった。バケーションレンタル専門予約サイトのエアービーアンドビー（Airbnb）やバーボ（Vrbo）のほか，ハワイでは現地不動産会社が運営しているケースもある。こうしたバケーションレンタル予約専門のプラットフォームが登場したことで，一気に普及を遂げ，ホテルと競合するようになった。

対象物件は，コンドミニアム一室から一棟貸しまでさまざまで，専用庭やプール付きの邸宅も含まれる。料金とは別に，清掃費用や保証金を求められることもある。また，バケーションレンタルもホテル税の課税対象になっている。とはいえ，リゾートホテルやコンドミニアム・ホテルなどに比較をすると割安物件もあり，需要がある。ビジネスホテルという業態がないに等しいハワイでは，ビジネス客が商用で短期バケーションレンタルを選ぶこともある。

オーナーが非居住者や本土在住者で，投資目的に購入していることが珍しく

ないハワイでは，州法の規定で，これら物件の不動産管理を州内の業者に委託しなくてはならないと定められている。リゾート地のゴースト化を防ぐ狙いもある。ハワイ・ツーリズム・オーソリティーの調べによると，コロナ禍前の2019年はハワイ入域者数の3分の1弱がバケーションレンタルの利用であった[6]。

　ハワイでは不動産を用途別にゾーニングしている。日本でも都市計画法で用途別に分類されているが，日本になくてハワイにあるのは「リゾート・ゾーニング」である。オアフ島内におけるリゾート・ゾーニングは，ワイキキ地区はもちろんのこと，高級住宅街のカハラ地区，マカハ地区やコオリナ地区，北部のノースショアが，バケーションレンタルの許可エリアに指定されている。一般の住宅地と区分けしているのである。ところが，許可されていないエリアで違法にバケーションレンタルの貸し出しを行い，騒音問題や違法駐車などが散見されるようになったことから，行政が規制を強化している。

第3節　タイムシェアの賢い利用法

1．タイムシェアの基礎知識

　タイムシェアは，バケーション・オーナーシップ（vacation ownership）とも呼ばれ，憧れのリゾート不動産を週単位で所有することができる。具体的には，1年間を52週に分けてリゾート不動産を週単位で所有する仕組みをさす。ここでいう週とは7泊8日が基本で，週単位で権利を持ちあう。

　タイムシェアの物件価格には幅があり，部屋の広さや眺望，利用できる季節や週，毎年利用か隔年かなどによって違いがある。固定週と浮動週で選ぶこともできる。

　れっきとした不動産なので，登記がなされ，売買や相続，贈与や賃貸も可能である。維持するためのランニングコストとして運営管理費が年に一度，運営会社から徴収される。その内訳は，共有部分の施設管理や修繕にかかる費用のほか，固定資産税も含まれる。

　ハワイは世界のタイムシェアの先進地で，1968 年の導入以降，法整備も進んできた。

　現在の所有権からなるタイムシェアが日本に上陸したのは，1980 年代前半に日本航空がハワイ島・コナの物件を販売したのが始まりである。本来はホテルと競合するはずが，1990 年代に入るとホテル業界自体がタイムシェア市場に参入するようになった。従前のホテル棟をタイムシェアにリノベーションし，さらにはホテルの敷地内に新たなタイムシェア専用棟を設けて販売を拡大した。ヒルトンやマリオットといった大手チェーン系ホテルのタイムシェア参入で，一気に市場が拡大したのである。

　シェア最大のヒルトングランドバケーションズは，ハワイ現地ならびに日本国内で販売説明会を開催している。販売説明会は予約制で参加特典があり，約 90 分間のプレゼンテーションを聞くのが条件になっている。また，対象は 20 歳以上，年収 750 万円以上，配偶者がいる場合は同伴を求めている（2023 年 7 月 1 日現在）[7]。これは，不動産登記の名義が関係するためである。また，現地ではホテル宿泊者なども対象にした内見ツアーや体験宿泊なども開催している。

　実際にモデルルームに足を踏み入れると，調度品などが整うリビングやキッチンがあるので広く感じられる。なかには日本人保有率が半数を超えるタイムシェアもあり，日本マーケットに根づいていることを物語る。

2．タイムシェアはリゾート交換も可能

　ハワイのタイムシェアは，キッチン付きでベッドルームやリビングが独立するなど，長期滞在者向けの仕様になっている。利用にはチェックイン・チェックアウトの時間が定められている。

　タオルやリネン類などの交換，部屋の清掃もある。全自動洗濯機を室内ないしは共有部分に設けている。電気代や水道・光熱費を別途払う必要はない。各戸には調理器具や食器類が揃い，家電製品もコーヒーメーカーやトースター，オーブンレンジのほか，アイロンや掃除機などが備えつけられ，なかには炊飯

写真9－2　タイムシェアの室内一例
（画像提供：ヒルトングランドバケーションズ）

器や和食器を貸し出すタイムシェアもある。調度品や内装にもこだわりがあり，逆に一般のコンドミニアムが質素にさえ映るかもしれない。共有部分にはプールやジムなどが完備され，ラウンジなどを設けている。

　タイムシェアは予約をしてからの利用になり，予約手数料がかかる。利用時にはホテル税が課税されるが，リゾートフィーはかからない。

　運営会社はポイント制度を導入している。オーナーが利用しなかった場合はポイントが貯まり，翌年に繰り越しができるなどの便宜が図られている。また，そのポイントを利用して，別のリゾートと交換ができる制度も導入している。このリゾート交換の仕組みを活用して，世界各所のタイムシェアや系列のホテルやリゾートを利用することができる。手持ちのタイムシェアをホームリゾートと呼び，それをポイント換算して交換する仕組みで，それが魅力で購入する人もいる。また，リゾート交換会社はタイムシェアによって異なるため，交換対象も異なる。例えばディズニーバケーションクラブは，コオリナ地区の「アウラニ・ディズニー・リゾート＆スパ ハワイ」をホームリゾートに，世界に広がるディズニー関連施設とポイント交換ができるので特に人気が高い。フロリダ発着のディズニー・クルーズラインも交換対象になっている。リゾート交換会社は，ヒルトングランドバケーションズと同じRCI[®8)]に加盟している。

3．タイムシェアの不動産登記と費用について

　タイムシェアの契約時には登記が必要なので，①個人名義，②夫婦共有名義，③共有名義から，所有形態を選ぶことになる。②の夫婦共有名義は，日本にはない所有形態で，夫婦どちらかが他界したときには遺された伴侶に自動的に所有権が移転するアメリカ特有のものである。

　購入時には，物件費用のほかに登記費用や登録手数料がかかる。ハワイの不動産取引では，こうした登記手続きなどをエスクロー（Escrow）と呼ばれる私的法務機関が中立的に行う。タイムシェアは運営会社がエスクロー業務も含め対応するため，わざわざ公証役場に出向く必要はない。毎年のランニングコストである運営管理費は，物価スライドで上昇することも念頭に入れたい。

　また，ハワイではタイムシェアのリセール市場も発達している。運営会社の直販よりも安い価格で取引されるが，名義変更などに手数料がかかる。さらにリセール物件は，独自の交換ポイントが付与されないのが通例で，運営会社の直販とは違いがあることを理解しておきたい。こうしたリセール市場での活発な取引を避けて，運営会社が自ら買い取りをして再販するケースもある。手放

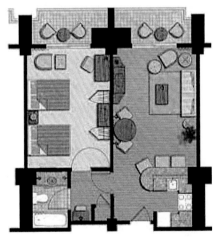

独立したリビング・ダイニングと
1ベッドルーム・1バスルームからなる
ハワイのタイムシェア一例

図9－2　一般的なタイムシェアの間取図
（画像提供：ヒルトングランドバケーションズ）

すときのことも，販売説明会などで尋ねてみるとよい。

　タイムシェアを家族それぞれの名義で2, 3週分購入して，ロングステイを愉しむ人もいる。ここで注意したいのは，タイムシェアは投資目的では購入しないほうがよいという点だ。売却時には購入価格を下回るのが一般的で，利益を生むことはない。夢の先行投資と思って購入することが重要だ。

第4節　自己実現のためのハワイ・ロングステイ

　美しい海と抱かれるような温かい風。ハワイに魅せられる人の多くが，「ここで暮らしてみたい」と一度は感じることだろう。そうした自己実現への欲求は，日本人の観光行動の変容からも読み解ける。アメリカの心理学者アブラハム・マズローが提唱した「マズローの欲求5段階説」になぞり，我が国の海外旅行市場の発展段階を考察してみよう（図9－3）。

　第一段階は，1964年海外旅行自由化にさかのぼる。翌年，日本航空が「ジャルパック」[9] ハワイ9日間の旅を発表した。日本初のパッケージツアー商品（募集型企画旅行）である。当時，給与所得者の平均年収が44万7,600円のところ旅行代金は37万8,000円で，高額だったにもかかわらず大ヒット商品にな

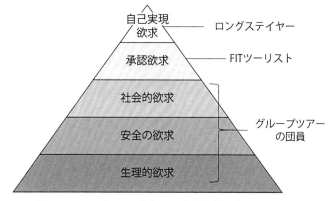

図9－3　マズローの欲求5段階説と海外旅行の発展段階

（筆者作図）

った[10]。言葉の壁という不安から，「安全」第一で添乗員付き団体旅行が選ばれた。

　続く第二段階では，「社会的欲求」として海外旅行が注目された。大衆化時代の到来である。特に1985年プラザ合意を契機に円高が進み，バブル経済が海外旅行者数を押し上げた。海外旅行未経験者は肩身が狭く，なかでもハワイは日本語が通じるとして象徴的なデスティネーションになった。

　21世紀に入ると新たな局面を迎える。旅慣れた人たちは海外個人旅行へとシフトし，世界ではグローバリゼーションが進んだ。海外個人旅行を観光用語でFIT（Foreign Independent Tour）と呼ぶ。FIT化を後押ししたのがインターネットの台頭である。情報収集が高度化し，国際線航空券の直販も進んだ。一連のFIT化の流れは，パッケージツアーに頼らなくとも自由で比較的，安く旅ができる，まさに「承認欲求」の表れとも言えた。

　そしてポストコロナの今，ローカリゼーションが見直され，自己実現を満たす旅のカタチが求められ始めている。マズローの欲求5段階説を用いれば，ハワイ・ロングステイは最上位の「自己実現欲求」に資する行為の一つと言えよう。ツーリストからロングステイヤーへ。物見遊山で足早に観光地を巡る非日常の旅では得ることができない満足感や日常らしさを，追求し始めているのが今と言える。

　ハワイには長期の滞在に適したアコモデーションが揃い，選びやすい。また，日本人のアイデンティティをくすぐる要素が多分にあるのも見逃せない。例えば日本食材が豊富で，日本語で医療を受けることも可能だ。語学研修だけでない学びの機会も選択肢が多く，目的を持った滞在ができる。まずはロングステイから始めてみるとよい。

　日本人がハワイを好きな理由（ワケ）は，そうしたところにあるのだと筆者は考える。

【注】

1）一般財団法人ロングステイ財団　https://www.longstay.or.jp/longstay/
2）ESTA Online Center　https://esta-center.com/（日本語あり）
3）在日米国大使館と領事館　https://jp.usembassy.gov/ja/
4）外務省　海外安全ホームページ　https://www.anzen.mofa.go.jp/
5）外務省　旅レジ　https://www.ezairyu.mofa.go.jp/tabireg/index.html
6）HAT ハワイ・ツーリズム・オーソリティー，インフラストラクチャー研究，バケーションレンタルのパフォーマンス
　https://www.hawaiitourismauthority.org/research/infrastructure-research/
7）ヒルトングランドバケーションズ，バケーション・オーナーシップ販売説明会
　https://www.hgvc.co.jp/sales-preview/sales-tour-flow.php
8）RCI®とは1974年創設，アメリカに本拠を置くリゾート交換会社のこと。社名はResort Condominiums international の頭文字。https://www.rci.com
9）ジャルパックという名称は，1964年海外旅行自由化で日本航空が商品名として誕生させたのが始まりで，1969年設立の関連旅行会社「旅行開発株式会社」が商品造成を担った。同社は1991年に組織改編され，JALグループの旅行会社「株式会社ジャルパック」に社名を変更した。
10）JAL カード会報誌「アゴラ」AGORA January & February 2014, p.108-113,「JALPAK50 1964-2014　まだ見知らぬ空へ」
　https://www.jal.co.jp/jalcard/service/img/agora/JALPAK_1209.pdf

引用・参考文献

千葉千枝子（2004）『ハワイ暮らしはハウマッチ？―ロングステイの資金計画はこれで安心』イカロス出版
千葉千枝子（2018）『本邦における観光地のライフサイクルとその事例』淑徳大学 教育学部・経営学部研究年報 創刊号
千葉千枝子（2022）『レジャー・リゾートビジネスの基礎知識と将来展望』第一法規
野田省三（2006）『タイムシェア・リゾートで暮らすハワイ 2006-2007年度版』マリン企画
野田省三・梨本昌子（2002）『タイムシェア・リゾートで暮らすハワイ』マリン企画
矢口祐人（2011）『憧れのハワイ―日本人のハワイ観』中央公論新社
Butler, Richard W.（2006）『THE TOURISM AREA LIFE CYCLE Vol.1 Applications and Modifications』Part1, 1. The Concept of a Tourist Area Cycle of Evolution: Implications for Management of Resources

取材協力

図9－1：キャプテンクック・リゾート　https://www.hawaiirentals.jp/　ならびに　Hawaii HIS Corporation dba H.I.S. Hawaii「Lea Lea バケーションレンタル」
図9－2：ヒルトングランドバケーションズ　https://www.hiltongrandvacations.com

第10章
ハワイアン・パンケーキの魅力

　ハワイに行ったら，フルーツがたっぷり添えられたハワイアン・パンケーキを食べたいと思うのは私だけだろうか。エクスペディアの調査（2015）では，「ハワイに行ったら何を食べたいですか」という質問に対して，1位に女性はパンケーキ，男性はロコモコをあげていた。この結果からもわかるように，ハワイアン・パンケーキは特に女性に人気がある。

　早朝にビーチを散歩したあと，レストランで波の音を聞きながら，新鮮なフルーツと甘くてもちもちのハワイアン・パンケーキを食べると幸せな気持ちになる。このような気持ちにさせてくれるハワイアン・パンケーキだが，それを提供しているハワイのレストランが日本にも上陸している。どのレストランも開店前に長蛇の列ができている。日本人はそんなにもパンケーキが好きだったのだろうかと驚くほどである。しかし，パンケーキを食べるとなぜかなつかしく，幸せな気持ちになるのは事実である。その理由は何なのだろうか。

　そこで，第10章では，パンケーキとは何か，またその特徴に触れた上で，パンケーキの歴史を概観する。次にパンケーキがなつかしさや幸せな時間をつくる理由について，また絵本を通して，日本人にとってパンケーキはどのような食べ物であるかを検討する。それらを明らかにした上で，ハワイアン・パンケーキの誕生とその魅力について考える。

第1節　パンケーキとその歴史

1．パンケーキとは何か
　アルバーラ（K. Albala, 2013）によると，パンケーキとはでんぷんを主成分と

する食べ物で，熱したフライパンや鉄板などの上に生地を流し込み，固まるまで調理したものである。パンケーキはこねた生地（dough）ではなく，とろりとした生地（batter）を使って作られる。また，一般的にはベーキングパウダーや重曹を使って膨らませるが，イーストや炭酸水，泡立てた卵白などを使って膨らませることもある。さらにわずかに気泡を含んだものから，かなりふわふわしたものまで気泡の量はさまざまだが，内部はやわらかく，しなやかであるという点で共通しているという。パンケーキにはデザートとして食べる甘味のものと，食事として食べる塩味のものがある。

　私たちになじみのあるパンケーキは，小麦粉に卵，牛乳，砂糖，水などを混ぜた生地をフライパンや鉄板で焼いた円形で弾力性のある食べ物である。それをバターとメイプルシロップをかけて食べるが，世界にはさまざまなパンケーキが存在する。例えば，ヨーロッパでは生地を薄く焼いたフランスの「クレープ」，そば粉を使った「ガレット」，さらにニースの名物でひよこ豆を使った「ソッカ」，ドイツでは詰め物の入った「プリンゼン」，オーストリアの「パラチンケン」などがある。アジアでは，ベトナム南部の家庭料理である米粉を使った「バインセオ」，インドの「ドーサ」など，ちなみに日本の「お好み焼き」や「たこ焼き」もパンケーキの一種と言われている。また日本の喫茶店などで提供されているホットケーキもパンケーキの一種である。以上のように，世界にはさまざまな種類のパンケーキがあり，あらゆる階層の人々がパンケーキを食べている。

2．パンケーキは手軽で特別

（1）パンケーキはストリートフード

　西洋において，パンケーキは朝食時にベーコンやソーセージ，卵料理と一緒に食べたり，バターとメイプルシロップをかけて食べることが多い。昼食，夕食に食べることもある。さらに，パンケーキは路上の屋台で買うストリートフードでもある。パンケーキは数分で出来上がるので，歩きながら手軽に食べることができる。また，さまざまな具材をパンケーキに包んで食べることができ，値段も安く，腹持ちがいいからである。

　上述したようにフランスの「クレープ」やベトナムの「バインセオ」，マレーシアの「ロティ・チャナイ」，メキシコの「ゴルディータ」，エルサルバドルの「ププサ」，さらに日本の「お好み焼き」や「たこ焼き」など，国や地域によってさまざまなストリートフードのパンケーキがある。

（2）パンケーキは祝祭でも食べられる

　パンケーキを食べる祝祭として有名なのは，イギリスの「パンケーキ・デー」である。「パンケーキ・デー」は，キリスト教信者が復活祭の前に行う40日の断食期間（四旬節）の前に，自宅にある卵や牛乳を消費するため，そして断食に入る前に卵や牛乳で栄養をとっておくために，パンケーキを食べたのが始まりとされている。イギリスのパンケーキは，クレープに似て薄めで，焼いたパンケーキを葉巻のような形に巻いて，砂糖とレモン汁をかけて食べるシンプルなスタイルである。イギリスではキリスト教の行事の一つとして，毎年2月告解の火曜日にパンケーキを食べる伝統が今も続いている。

　また，このパンケーキ・デーの前日には，「パンケーキ・レース」が開催される（写真10-1）。このレースが始まったのは，一説には1445年にイングラ

写真10-1　パンケーキ・レースの看板
（英国ニュースダイジェストHPより）

ンド南東部バッキンガムシャー州のオルニーに住む主婦が，パンケーキを焼いていたところ，懺悔のための礼拝が始まる合図である教会の鐘がなり，あわててパンケーキが入ったままのフライパンを持ち，教会に駆け込んだのが始まりと言われている。「パンケーキ・レース」の参加者は，エプロンに三角巾姿でパンケーキが入ったフライパンを持ち，380m の距離を走る。オルニーから始まった「パンケーキ・レース」は現在も続いており，1950 年よりアメリカのリベラルでも開催されている。

　さらに，フランスのカトリック教徒の祝日である 2 月 2 日に行われる聖燭祭（せいしょくさい）では，クレープが食べられる。この聖燭祭は，光を祝うキリスト教徒の行事であり，厳しい冬に春の訪れを願う行事である。なぜクレープを食べるのかというと，クレープは丸くて黄色いため温かい太陽を連想させ，春の訪れを感じさせてくれる縁起物として食べられるという。そのほかにも，ユダヤ教の祭り「ハヌカー祭」で食べる「ラトケス」というポテト・パンケーキ，デンマークなど北欧でクリスマスに食べられている「エーベルスキーバー」など，祝祭でもパンケーキが食べられている。

3．パンケーキの歴史
（1）海外におけるパンケーキの歴史
　パンケーキがいつ作られたかについては，古代ギリシャ時代にさかのぼると言われている。アルバーラ（K. Albala, 2013）によると，パンケーキと呼ぶのにふさわしいレシピは，1588 年に出版された英語の書籍『すてきな主婦の手作り料理（Good Housewives Handmade for the Kitchen）』に記載されており，それが文献に記されたものとしては最古のレシピだという。さらに 17 世紀にはいり，イギリスでは，1625 年にマーカム（G. Markham）の「英国の主婦（The English Housewife）」，オランダでは「賢明な料理人（De Verstandige Kock）」（1667 年）などにパンケーキのレシピが記載されている。

　アメリカには 17 世紀初頭に，イギリスからの植民者たちによって，パンケーキが伝えられたのではないかと言われている。アメリカ人による初めての料理

本は，シモンズ（A. Simmons）が 1796 年に書いた『アメリカの料理（American Cookery）』がある。その本には，ヨーロッパで使われている材料とアメリカ大陸特有の材料（トウモロコシ粉，かぼちゃなど）を使ったレシピが記載されている。

　20 世紀に入っても多くの料理本が出版され，それらを参照して家庭でさまざまなパンケーキが作られていた。そこで，家庭でより簡単にパンケーキを作ることができるように，インスタントのパンケーキミックスが販売された。1889 年にパール製粉社（現在はペプシコの傘下にあるクエーカー・オーツ・カンパニー）が「アント・ジェミマ（Aunt Jemima）」[1] のパンケーキミックスを発売し，人気商品となった。現在もインスタントのパンケーキミックスは，多くの会社によって販売されている。

　19 世紀末には，簡易食堂と呼ばれる「ダイナー（Diner）」ができた。これは調理場とカウンター，簡単なテーブル席からなる簡素な飲食の設備がとりつけられ，すぐに商売ができるように造られていた。ダイナーのメニューの中心は，一般的なアメリカ料理で，パンケーキも提供されていた。

　1953 年にパンケーキ・レストランのオリジナル・パンケーキ・ハウス（Original Pancake House）が，オレゴン州ポートランドにハイエット（L. Highet）とヒューネック（E. Hueneke）によって開業された。同年にバター（H. Buter）とジェザック（R. Jezak）は，アメリカ発のレストラン・チェーンとして「デニーズ」の前身である「デニーズドーナツ」1 号店を，カリフォルニア州のレイクウッドに開業した。チェーンのレストランでは，どの店でも同じ味の料理を出せるようにしたのである。また，パンケーキとダイナーのレストランであるインターナショナル・ハウス・オブ・パンケーキ，通称アイホップ（IHOP）は，1958 年にロサンゼルス郊外のトルーカ・レイクにフランチャイズ店舗をオープンした。

（2）日本におけるパンケーキの歴史

　日本においてパンケーキは，1884 年（明治 17 年）に文部省で翻訳され出版された百科全書で，「パンケーキの作り方」が紹介されたのが初めてであった。

1923 年に，パンケーキは東京のデパートの食堂で「ハットケーキ」という名称で提供されていた。西洋文化への憧れが強かった時代で，町の食堂ではメニューに洋食が目立つようになった。1931 年には温かいケーキだからということで，「ハットケーキ」は「ホットケーキ」という名称になったと言われている。

　第二次世界大戦以前の日本の朝食は，ご飯，漬物に一汁三菜の焼き魚，煮物，おひたしの和食が主であった。しかし，戦後 1950 年頃から，土間に七輪がある暗い台所は，ガス，水道を備えた明るいダイニングキッチンに変わった（cf. 橋本, 2015）。1953 年にはダイニングキッチンの電化が始まり，ミキサー，トースター，冷蔵庫が発売された。家庭で，フライパンを使ってパンケーキを焼くことができるようになったのである。

　1955 年から 1960 年代にかけて，日本は高度経済成長期真っ只中であった。1957 年には，昭和産業，森永乳業がそれぞれ「ホットケーキミックスの素」をチューブ入りメイプルシロップ付きで販売を始めた。例えば「森永ホットケーキミックス」の価格は 450g180 円で，当時のキャラメル一箱が 20 円，かけそばが一杯 25 円であったことから，ホットケーキミックスは贅沢品であった。1959 年にシロップを別売りにした「森永ホットケーキミックス」が発売され，価格が 100 円に引き下げられたことから，消費者が購入しやすい価格となった。1963 年には価格は据え置きで粉末シロップをつけたホットケーキミックスを販売し，人気となった。

　現在も企業による商品開発によって，さまざまなホットケーキミックスが発売されている。ホットケーキミックスの発売は，日本のホットケーキ文化を創りだした元となっているのである。ホットケーキは，家庭以外ではコーヒー・ショップ，喫茶店，フルーツパーラーなどで提供され，今なお人々に愛されている。これらのホットケーキはシロップをかけて食べることから，日本では甘味のものが浸透している。

　近年ハワイアン・パンケーキという言葉が多く聞かれるようになり，人気の火付け役となったレストランとしては，ハワイアン・パンケーキの店である「エッグスン・シングス（Eggs'n Things）」があげられる。またハワイ関連の書

籍，ユーチューブや SNS，ブログなどでもハワイアン・パンケーキは数多く紹介されている。

第2節　パンケーキはなつかしい幸せな時間をつくる

1．パンケーキと幸せな時間

　フード・ブロガーのアダーム（A. Adarme, 2013）は，「パンケーキ」のレシピ本の冒頭で，子供の頃の思い出として，「土曜日の朝はいつもキッチンのダイニングテーブルの椅子に座って，父親がパンケーキの生地を焼く様子を見ていた。父親は焼きたてのパンケーキをお皿にのせてくれ，そこにメイプルシロップをたっぷりかけて食べた。」と述べている。このように西洋では，パンケーキは子供の頃から食べ続けてきたなつかしの味であり，幸せな時間をつくってくれる食べ物である。そのため大人になってもパンケーキを焼く匂いを嗅いだだけでも，子供の頃にキッチンのテーブルでパンケーキを食べた情景，幸せな時間を思い出すのである。

　あなたも何かの匂いを嗅いで，昔の出来事やその時の感情を思い出したという経験はないだろうか。例えば，大人になってからご飯屋さんに入って味噌汁の香りを嗅いだ時，田舎にいる祖母が作ってくれた味噌汁を思い出したり，一口飲んだ時，台所で祖母が作ってくれている情景を思い出したりなど。これは，過去の経験が学習記憶として脳に記憶されていて，ある特定の匂いによって記憶がよみがえるからである。脳には経験にもとづく学習記憶があり，匂いの学習記憶は，以前それを嗅いだ時に連関していた情景を想起させる記憶の検索タグとしての役割を持っている（森・板野, 2023）。特に西洋では，パンケーキの匂いは，学習記憶によって子供の頃の情景を呼び起こし，その時の幸せな時間を思い出させるのである。

2．日本人にとってのパンケーキ

（1）絵本[2]が伝えるメッセージ

　西洋の人々にとってパンケーキは，なつかしい幸せな時間をつくる食べ物であるが，日本人にとってもパンケーキは同じような食べ物なのであろうか。日本におけるパンケーキの絵本から，それらの絵本が伝えるメッセージを通して考えてみたい。

　まず，刊行後半世紀以上読み継がれている絵本である「ぐりとぐら」（なかがわ，1963）では，ネズミのぐりとぐらが大きな卵が落ちているのを見つけて，パンケーキを作ることになった。2人で道具をそろえ工夫して大きなパンケーキを焼く。そのパンケーキを持って森に行き，動物たちと一緒にそのパンケーキを仲良く食べるという物語である。この本では，協力することの重要性，共食の楽しさを伝えている。また，「パッピプッペポーのパンケーキ」（あいはら，2022）では，パッピ，プッペ，ポーのこぐま三兄弟が，一緒に住むおばあさんの誕生日にパンケーキを焼き，出来上がったパンケーキがあまりにもおいしそうなので味見をしていたら止まらなくなり，パンケーキが小さくなってしまう。そこで，おばあさんとおじいさんと一緒にもう一度パンケーキを作り，最後は一緒に食べるという話である。ここでは，パンケーキが特別な時に食べるものであり，協力することや失敗しても再度挑戦することの重要性が示され，また共食の楽しさ，喜びが描かれている。さらに，「くろくまくんのパンケーキ」（小林，2014）では，くろくまくん三兄弟が朝ごはんにパンケーキを焼き，おいしくできたので，森の動物たちにもおすそ分けをしてあげようと森に行く。森の動物たちにあげているうちに自分たちの分がなくなってしまい，もう一度パンケーキを焼くことにした。そこへ先ほどパンケーキをあげた動物たちが，お礼にいちごやはちみつ，さくらんぼなどを持ってきてくれ，それらを飾ってパンケーキを作り，森に行ってみんなで食べるというストーリーである。この絵本でも，協力することの重要性や，親切な行動はいつか自分に返ってくるという互恵性，そして共食の楽しさを伝えている。他のパンケーキの絵本でも，同様のメッセージが伝えられている（表10 − 1）。

表10－1　絵本が伝えるメッセージ

書名と著者名	特別な食べもの	協力／協働	共食	互恵性
パッピプッペポーのパンケーキ（あいはら，2022）	○	○	○	
ルルとララのアロハ！パンケーキ（あんびる，2016）	○	○	○	
だいすきほっとけーき（かんの，2015）		○	○	
くろくまくんのパンケーキ（小林，2014）		○	○	○
ねずみくんとホットケーキ（なかえ，2000）			○	○
ぐりとぐら（なかがわ，1963）		○	○	
はるくんとるいちゃん はじめてのパンケーキ（館野，2021）	○	○	○	
くんくんくん（上野，2006）			○	○
しろくまちゃんのほっとけーき（わかやま，1972）		○	○	
でこぼこホットケーキ（よしだ，2019）	○		○	○

（筆者作成）

　表10－1からは，パンケーキが特別な日の食べ物であると同時に，協力して作ることで互いの絆が深まり，同じものを一緒に食べることでその絆をより深める手段としての食べ物であることが示唆されている。

　また，これらのすべての絵本は，子供たちの五感（視覚，嗅覚，味覚，聴覚，触覚）を刺激する仕掛けにあふれている。パンケーキを焼く音「ジュー，ジュー，ジュー」（聴覚），「もちもち，ふわふわ」（触覚）に焼きあがった「黄金色のパンケーキ」（視覚），「いい匂い」（嗅覚）に誘われて訪れる動物たち，一緒に食べたパンケーキがとってもおいしかった（味覚）など。これらの絵本を読むと誰もがパンケーキを焼きたくなり，食べたくなる。そして，何よりも温かく幸せな気持ちになるのである。これは子供たちと一緒に絵本を読んだ多くの母親たちが，コメントの中で指摘していることでもある。

　このように幼少時からパンケーキの絵本を読んでもらってきた子供たちは，パンケーキは特別な時に食べるものであり，親，兄弟や友達と一緒に協力して作るものである。そして，焼きあがったパンケーキをみんなで食べるととても楽しく，幸せであると理解する。また，絵本を読んだ後，実際に家庭でパン

ケーキを作って食べるという経験をして、パンケーキがさらに好きになるのであろう。それだからこそ、脳にある経験に基づく学習記憶によって、成人になってもパンケーキの匂いを嗅ぐだけで、子供の頃に親や兄弟とパンケーキを作って食べた時の情景を思い出す。日本人にとってパンケーキは、特別な時に食べるものであるが、なつかしい幸せな時間をつくる食べ物でもある。それがパンケーキの魅力となっている。

（2）パンケーキ（ホットケーキ）とコミュニケーション

　親子でホットケーキなどおやつ作りをすることは、子供の脳の発達に影響を及ぼすという。川島（2009）は森永製菓との共同研究で、幼稚園児、小学生を対象に、彼らが親と一緒にホットケーキ作りをするときの脳の活性について（検証①）検討を行った。その結果、子供たちが親と一緒にホットケーキを作る時に、記憶や学習、コミュニケーション力、想像力などを活性化させる脳の「前頭前野」の働きが向上することを明らかにした。また、検証②では大学生を対象に、幼少期に親と一緒にホットケーキやおやつを作る体験の有無が、成人になった時の個人の主観的な心理面での幸福感に及ぼす影響を検討している。結果は、幼少期に親子でホットケーキ作りなどを経験した大学生ほど、主観的な心理面での幸福感が高いという結果であった。幼少期に食を通じた楽しい共有経験をすると、その後の子供の心の成長に良い影響を及ぼすということが示唆されている。親子がホットケーキやおやつ作りをすることを通して、親子のふれあいやコミュニケーションが図られ、それが子供たちにとって楽しい経験となって、成長に良い影響を及ぼすのであろう。

第3節　ハワイアン・パンケーキの魅力

1．ハワイアン・パンケーキの誕生[3]

　日本人にとって、ハワイアン・パンケーキは、ハワイに旅行に行った時に食べる憧れのパンケーキである。ハワイに行けない時には、休みの日に家族と、

写真 10 - 2 「シグネチャー・レインボー・パンケーキ」
（エッグスン・シングスの公式 HP より）

恋人と，あるいは友人と一緒にハワイアン・パンケーキのお店に行って食べる
ご馳走であり，特別なパンケーキである。

　このハワイアン・パンケーキのブームの火付け役は，上記で触れたようにオ
アフ島のホノルルにあるパンケーキ・レストラン，エッグスン・シングスであ
ろう。1974 年にフクナガ夫婦（J. Fukunaga & J. Fukunaga）が，ワイキキ・エ
ナロードにエッグスン・シングスの 1 号店をオープンした。ワイキキで働く人
たちにとって，新鮮な食材を使った料理で手頃な値段で食べられるということ
で，人気の店であった。この店で旅行者たちに人気のパンケーキは，ホイップ
クリームがたっぷりのった「シグネチャー・レインボー・パンケーキ」（写真
10 - 2）である。このパンケーキが運ばれてくると，その量の多さに圧倒され
る。インスタ映えすることからも日本人旅行者に人気があり，一度は食べてみ
たいと思わせるパンケーキである。

　1994 年にリックとジェシー（R. Kiakona & J. Kiakona）は，カイルアにブーツ・
アンド・キモズ（Boots & Kimo's Homestyle Kitchen）をオープンした。店名は彼
らの父親と叔父のあだ名と名前からとったという。叔父のキモはマウイ島で人

写真 10 - 3　「マカデミアナッツソース・パンケーキ」
（ブーツ・アンド・キモズ　ホームスタイルキッチンの公式 HP より）

気のパンケーキ・レストランをすでに開いており，その叔父からレシピを引き
継いだ「マカデミアナッツソース・パンケーキ」（写真 10 - 3）は，このレスト
ランの名物になっている。真っ白なマカデミアナッツソースはクリーミーで，
甘すぎず，さらっとした口当たりで食べやすい。

　2007 年にカスティロ（C. K. Castillo）は，カフェ・カイラ（Café Kaila）をカイ
ムキにオープンした。健康を考えてオーガニックで新鮮な素材にこだわり，パ
ンケーキの生地は一晩寝かせて焼くことで，もちもちなパンケーキが焼きあが
る。2011 年にハワイの雑誌「ホノルル・マガジン」が主催する賞で，「ハレア
イナ賞ベストブレックファースト」金賞に輝くレストランである。このレスト
ランの人気メニューはイチゴ，ブルーベリー，バナナなど新鮮かつ山盛りのフ
ルーツに，リンゴのカラメリゼをのせた「カイラ・オリジナル・パンケーキ」
（写真 10 - 4）である。

　その他にもハワイ発祥の人気のパンケーキ・レストランとしては，シナモ
ンズ（Cinnamon's），コア・パンケーキ・ハウス（Koa Pancake House），モケズ
（Moke's）などをはじめとして多数のパンケーキ・レストランがある。それぞ
れのパンケーキ・レストランには，代表的な人気メニューがあり，シナモンズ

写真 10 − 4 「カイラ・オリジナル・パンケーキ」
（カフェ・カイラ　公式 HP より）

は薄いピンク色のグアバ・シロップがかかった「グアバ・シフォン・パンケー
キ」，コア・パンケーキ・ハウスは生地にバナナの輪切りを入れたシンプルな
「バナナ・パンケーキ」，モケズは薄黄色のパッションフルーツのソースをかけ
た「リリコイ・パンケーキ」がある。これらのパンケーキ・レストランは親族
経営のレストランが多い。

　世界有数の観光地であるハワイ，ワイキキにはラグジャリーホテルがひしめ
き合って建っており，各ホテルがそれぞれ特徴的なハワイアン・パンケーキを
提供している。例えば，ピンクの外観で有名なザ・ロイヤル・ハワイアン・リ
ゾート・ワイキキ（The Royal Hawaiian Resort Waikiki）は，レストランのサー
フ・ラナイ（Surf Lanai）で，ホテルの外観と同じピンク色のハワイアン・パン
ケーキ「ピンク・パレス・パンケーキ」（写真 10 − 5）を提供している。ホテル
創業時からのメニューであるこのパンケーキは，グアバとラズベリーが練りこ
まれた生地のパンケーキ 5 枚にフルーツが添えてある上品なパンケーキであ
る。涼しげなプールと目の前に広がるワイキキビーチの美しい景色を見ながら
食べるパンケーキは，旅の楽しみの一つと言える。

　また，ザ・カハラ・ホテル＆リゾート（The Kahala Hotel & Resort）のプルメ

写真 10 − 5　「ピンク・パレス・パンケーキ」
（ロイヤル・ハワイアン・リゾート・ホテル　公式 HP より）

写真 10 − 6　「カハラ・デリカシー・シン・パンケーキ」
（アロハストリート HP より）

リア・ビーチ・ハウス（Plumeria Beach House）では，薄い生地が巻かれている
パンケーキ「カハラ・デリカシー・シン・パンケーキ」（写真 10 - 6）が，創業
時よりある人気のパンケーキである。パンケーキをバターシロップに浸したも

ので，もちもち感が失われず冷めてもおいしいパンケーキとして考案されたものである。白砂のカハラ・ビーチを眺めながら食べるパンケーキの味は格別である。

2．ハワイアン・パンケーキの魅力

（1）ハワイアン・パンケーキの特徴

ハワイアン・パンケーキの魅力は，その特徴によってうみだされている。

特徴①：新鮮なフルーツが添えられている

ハワイアン・パンケーキには，たくさんの新鮮なフルーツが添えられている。2022年に中央果実協会が行った果物の消費に対するアンケート調査によると，女性は男性よりも果物の摂取頻度が多く，女性の約60％が朝食に果物を食べている。その理由としては，「美味しく好きだから」，「旬や味覚を楽しめるから」などという回答があげられていた。女性たちがハワイに行ったら，新鮮なフルーツがたくさん添えられたハワイアン・パンケーキを食べたいと考えるのは，当然のことなのであろう。

特徴②：シロップやソースが特別

ハワイアン・パンケーキは，そのシロップやソースにハワイ特産のものを使っている場合が多い。例えば，シナモンズではフルーツのグアバを使ったシロップ，モケズではパッションフルーツを使ったパッションフルーツ・ソース，ブーツ＆キモズは，マカデミアナッツ・ソースなどを使っている。フルーツを使ったシロップやソースは甘酸っぱさが加わることで甘さがやわらぎ，飽きずに食べることができる。また，クリーミーな口当たりは，もちもち，ふわふわ食感の好きな日本人にとって，魅力的なのである。

特徴③：豊かな自然環境

ハワイで食べるハワイアン・パンケーキが格別においしいのは，豊かな自然環境がなせる技である。Tシャツに短パンで，ハワイの州花でもあるイエローハイビスカス（マオハウヘレ）をはじめとする花や植物に囲まれて食べるハワイアン・パンケーキは，ハワイに来ていることを実感させる。とりわけ美しい

ビーチが目の前に広がり，波の音とさわやかな風を感じながら食べるハワイアン・パンケーキは，残念ながら日本のレストランでは味わえない。久しぶりの休暇でハワイに来て，家族や気のおけない友人と一緒に食べることで，ハワイアン・パンケーキのおいしさは倍増する。それは，共食が作り出す楽しさに加えて，周りの自然環境やレストランの雰囲気に満足している気持ちが，食べ物のおいしさに影響を与えているからである。これを心理学の専門用語で，「気分一致効果」という。つまり，気分の良い時は物事の良い面が見えやすくなり，反対に気分の悪い時は，物事の悪い面が見えやすくなるという心理的効果である。ハワイの自然環境や雰囲気は私たちを良い気分にさせ，ハワイアン・パンケーキをよりおいしく感じさせるのである。

（2）ハワイアン・パンケーキに惹きつけられる理由

　私たちは食べ物を食べるときに，五感を使って味わう。ハワイアン・パンケーキがどのように五感を刺激し，私たちを惹きつけているのかを，五感の中でも視覚，嗅覚，触覚，味覚を取り上げて考えてみよう。

①　目で味わう（視覚）

　目で味わうためには，盛り付けが重要となる。美しく重ねられたハワイアン・パンケーキは，よりおいしく感じる。それは見た目が私たちの期待値を左右し，見た目が良ければ味も良いと考えるからである。例えば，ロイヤル・ハワイアン・リゾート・ホテルの「ピンク・パレス・パンケーキ」（写真 10 - 5）は，パンケーキが美しく重ねられ，見るからにおいしそうである。

　また，色もおいしさに影響する。ハワイアン・パンケーキに添えられた真っ赤に熟したいちごはより甘く感じる。赤が甘さを増すように感じるのは，私たちが経験から得た色と味の組み合わせによるものだ（ハーツ：R. Herz, 2018）。

　さらに，お皿に乗った食べ物の量は，食べる量に影響を及ぼす。ディリバーティら（Diliberti, et al, 2004）は，大盛のパスタ料理と普通盛のパスタ料理を提供した場合，人はどちらのパスタ料理の方を多く食べてしまうのかを検討し

た。その結果，大盛を提供された人の方がより多くのパスタを食べたことが明らかにされた。その理由は，量が多いのでいつもより一口分を多くとり，食べ終わりたいと思い，食べるスピードも速くなるからである。エッグスン・シングスの「シグネチャー・レインボー・パンケーキ」（写真10-2）やカフェ・カイラの「カイラ・オリジナル・パンケーキ」（写真10-4）のように，パンケーキもフルーツの量も多く，美味しそうに盛りつけられると，私たちは大きく切り分け，おなか一杯になるまで食べてしまうのである。

② 匂いが食欲を刺激する（嗅覚）

　私たちは，ものを食べる時，2回匂いをかぐ。ハワイアン・パンケーキが自分のテーブルに運ばれて来た時，鼻からそのかぐわしい匂いをかぐ。この普通に鼻からかぐ匂いは，オルトネイザル（吸気）経路の匂いという。つぎに，ハワイアン・パンケーキを切って口に入れ，噛んだり飲み込んだりする時に，立ち上がる匂い。それが呼気に乗って口の奥にある通り道から鼻に送られる。この匂いをレトロネイザル（呼気）経路の匂いという（図10-1）。

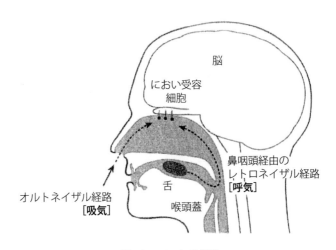

図10-1　匂の経路
（G. M. シェファード, 2012, p.44 より転載）

このレトロネイザル経路で運ばれる匂いが食欲を刺激する。あなたも，風邪をひいて鼻が詰まっている時に食べた食事は，どれもおいしくなかったという経験をしたことがあると思う。新鮮ないちごやブルーベリーの匂い，ハワイアン・パンケーキの一切れを口に入れて飲み込むときの甘い匂いに，私たちは食欲を刺激される。

③　もちもち，ふわふわ食感（触覚）

日本人はもちもち，ふわふわ食感が大好きである。それは日本人がお米を主食としてきたことと関わりがある。私たちは乳児の頃から離乳食としてはおじやを食べ，ジャポニカ米と呼ばれるもちもち，ふわふわ食感の強いお米を日常的に食べてきた。つまり，もちもち，ふわふわ食感を食べ慣れてきたのである。でん粉製品を生産しているイングレディオンが2019年に「日本人は本当にもちもち感が好きなのか」について調査を行い，93％の日本人がもちもち感が好きであるという結果を明らかにしている。これらのことからも，日本人はもちもち，ふわふわした食感のハワイアン・パンケーキに惹きつけられるのである。

④　甘さが心を溶かす（味覚）

生後まもない赤ちゃんの口に砂糖水を少し入れると，にこやかな顔で口を動かして，飲もうとする（山本，2001）。人間の味覚の発達は早く，特に甘みは，生後まもない赤ちゃんにもおいしいと認知され，好まれるのである。また甘いものは人を幸せな気分にする。これは甘味が脳の中の報酬回路を活発化させ，ドーパミンを放出させる（ハーツ：R. Herz, 2018）。このドーパミンが心地よさや幸せな気分を引き起こし，優しい気持ちになるのである。

メイヤーら（Meier, et al, 2012）は，チョコレートなど甘いものを食べた人は，クラッカーを食べた人，あるいは何も食べなかった人よりも人を助ける行動をとろうとすることも明らかにしている。確かに，メイプルシロップや生クリームがかかったハワイアン・パンケーキを食べると，幸せで優しい気持ちにな

り，笑顔が多くなる。ハワイアン・パンケーキの魅力は，それを味わう人も周りにいる人も幸せにする食べ物であることが，最大の理由なのかもしれない。

　以上のように，第 10 章では，パンケーキとは何か，またパンケーキがなつかしい幸せな時間をつくる理由について明らかにした上で，ハワイアン・パンケーキの魅力について検討した。その結果，ハワイアン・パンケーキがなつかしい幸せな時間をつくる特別な食べ物であるとともにハワイアン・パンケーキの持つ特徴や五感を刺激する食べ物であることが，私たちを魅了していることが明らかになった。ハワイアン・パンケーキは，ハワイの多様な魅力の一つであり，私たちをハワイに向かわせる力を持っているのである。

【注】
1）「アント・ジェミマ」は黒人女性をトレードマークにしていたことから，130 年以上続いたブランドではあったが，白人家庭で黒人が使用人として働いていた時代を想起させるという批判が相次いだ。それを受けて，「アント・ジェミマ」ブランドは廃止され，2020 年に新ブランド「パール・ミリング・カンパニー」と名称変更した。
2）絵本によっては，パンケーキ以外の名称，ホットケーキ，カステラと記述されているが，本章では，すべてをパンケーキとして扱うこととした。
3）本章では，主にハワイ発祥のオアフ島のパンケーキ・レストランを取り上げている。

［引用・参考文献］
あいはらひろゆき（2022）『パッピプッペポーのパンケーキ』宮野聡子（イラスト），KADOKAWA
あんびるやすこ（2016）『ルルとララのアロハ！パンケーキ』岩崎書店
アルバーラ，ケン著　関根光宏訳（2013）『パンケーキの歴史物語』原書房　Albala, K. (2008)
　　『Pancake: A Global History』Reaktion Books.
バーウイッチ，A. S. 大田直子（訳）（2021）『においが心を動かす　人は嗅覚の動物である』
　　河出書房新社　Barwich, A. S. (2020)『Smellosophy What the nose tells the mind』the
　　President and Fellows of Harvard College.
橋本直樹（2015）『食卓の日本史，和食文化の伝統と革新』勉誠出版
ハーツ，レイチェル著　川添節子訳（2018）『あなたはなぜ「カリカリベーコンのにおい」に
　　魅かれるのか』原書房　Herz, R. (2018)『Why you eat what you eat』RSH Enterprises,
　　LLC
本間千恵子・有賀夏紀（2004）『世界の食文化 12 アメリカ』農文協

かんのゆきこ（2015）『だいすき　ほっとけーき』岩崎書店

小林ゆき子（2014）『くろくまくんのパンケーキ』フレーベル館

日下部裕子・和田有史（2011）『味わいの認知科学　舌の先から脳の向こうまで』勁草書房

森憲作・板野仁（2023）『嗅覚研究から見える脳のしくみ，匂いが呼び覚ます記憶』科学，93(1)，61-67.

なかえよしを（2000）『ねずみくんとホットケーキ』上野紀子（絵），ポプラ社

なかがわえりこ（1963）『ぐりとぐら』おおむらゆりこ（イラスト），福音館書店

シェファード，ゴードン，M.著　小松淳子訳（2012）『美味しさの脳科学　においが味わいを決めている』インターシフト　Shepherd, G. M. (2021)『Neurogastronomy, How brain creats flavor and why it matters』Columbia University Press.

館野鏡子（2021）『はるくんとるいちゃん　はじめてのパンケーキ』松本春野（絵），婦人之友社

上野与志（2006）『くんくんくん』末崎茂樹（絵），ひさかたチャイルド

わかやまけん（1972）『しろくまちゃんのほっとけーき』こぐま社

山本隆（2001）『匂い，香りは記憶される：赤ちゃんはママの母乳の匂いがわかる』食べもの文化，8，30-33.

よしだあつこ（2019）『でこぼこホットケーキ』川副真佑実（絵），世界文化社

Adarme, A. (2013)『Pancakes. 72 sweet and savory recipes for the perfect stack』St. Martin's Griffin

Diliberti, N., Bordi, P. L., Conklin, M. T., Roe, L. S. & Rolls, B. J. (2012)：Increased portion size leads to increased energy intake in a restaurant meal,『Obesity Research』12(3)，562-568.

Meier, B. P., Moeller, S. K., Riemer-Peltz, M. & Robinson, M. D. (2012)：Sweet taste preferences and experiences predict prosocial inferences, personalities, and behavior『Journal of Personality and Social Psychology』102(1)，163-174.

Simmons, A. (2019)『American Cookery: The First American Cookboook』Digiread.com. publishing.

参考 URL

エクスペディア編集部　ハワイの魅力はどこにある？
https://www.expedia/ao.jp/stories/ リピーター率はなんと 94％！ハワイの魅力はいったい /（2022 年 11 月 3 日参照）

森永ホットケーキミックスは愛されて 60 周年
https://www.morinaga.co.jp/hotcake /60th_history（2022 年 12 月 1 日参照）

東北大学 森永製菓株式会社 産学連携研究　親子のおやつ作りが子どもの脳発達に与える影響の検討

https://www.morinaga.co.jp/public/newrelease/web/fix/20090908_02.pdf

（2022 年 12 月 1 日参照）

英国ニュースダイジェスト パンケーキ・デーの 5 つの豆知識

https://www.news-digest.co.uk/news/listing/events/16065-pancake-day.html/

（2022 年 12 月 1 日参照）

公益財団法人中央果実協会公式ホームページ「令和 3 年度果物の消費に関するアンケート調査」

https://www.japanfruit.jp/research/domestic.htm（2023 年 1 月 12 日参照）

エッグスン・シングス　公式ホームページ

https://eggsnthings.com（2023 年 1 月 12 日参照）

カハラホテルのくるっと薄やきパンケーキ　Aloha street 編集部

https://www.aloha-street.com/article/2013/09/131687/（2023 年 1 月 12 日参照）

オリジナル・パンケーキ・ハウス　公式ホームページ

https://www.originalpancakehouse.com（2023 年 1 月 15 日参照）

カフェ・カイラ　公式ホームページ

https://www.cafe-kaila-hawaii.com/#pagetop（2023 年 1 月 15 日参照）

ザ・ロイヤル・ハワイアン・リゾート・ワイキキ　公式ホームページ　サーフ・ラナイ

https://www.royal-hawaiian.jp/dining-overview/surf-lanai/（2023 年 1 月 15 日参照）

ブーツアンドキモズ　ホームスタイルキッチン　公式ホームページ

https://www.bootskimos.com（2023 年 1 月 15 日参照）

「もちもち感」に関する消費者調査，イングレディオン・ジャパン

https://www.atpress.ne.jp/news/202560（2023 年 1 月 15 日参照）

索　引

《著者紹介》（執筆順）

山口一美（やまぐち・かずみ）編著者　担当：はじめに，第6章第4節，第7章，
　　　　　　　　　　　　　　　　　　　　　　　第8章第2節，第10章

立教大学心理芸術人文研究所研究員，博士（心理学）。
立教大学大学院心理学博士後期課程修了。立教大学・立教大学
大学院ビジネスデザイン研究科などの非常勤講師を歴任後，文
教大学国際学部教授（2020年まで），ハワイ大学マノア校客員
研究員（2013～2014年）。専門は，社会心理学，産業・組織心
理学，観光学。主要著書は，『第3版　感動経験を創る！　ホス
ピタリティマネジメント』（単著）創成社，2022年，『エアライ
ン・ビジネスの魅力』（単著）創成社，2019年，『新版はじめ
ての国際観光学』（編著）創成社，2018年，『観光行動論』（共著）
原書房，2013年，『なぜ人は他者が気になるのか　人間関係の
心理』（共著）金子書房，2010年などがある。

浅沼正和（あさぬま・まさかず）担当：第1章，第2章

ポリネシアとハワイの歴史と文化を学び，日本からの来島者に
伝えるべく，2001年からホノルルのビショップ・ミュージア
ムでボランティア・ドーセントとして活動を始め，2003年に
同博物館の会員代表組織 Bishop Museum Association Council
委員に選ばれ現在に至る。ハワイ日米協会理事，ハワイ日本文
化センター Board of Governor，ハワイ州観光局アロハプログ
ラム，キューレーター。ホノルルで通算27年生活し，現在は
日本在住。

辻野啓一（つじの・けいいち）担当：第3章，第8章第1節，第3節，第4節

昭和51年，株式会社日本交通公社に入社。主に担当した業務
は海外勤務と広報。
海外の赴任地はサンフランシスコ6年，香港2年，シンガポー
ル4年，ハワイに6年。JTBハワイの社長としてハワイへの
取り扱い人数を伸ばす。その一方でホノルルフェスティバル財
団理事長など地域貢献に努める。
日本帰国後，NPO日本エコツーリズム協会理事・事務局長と
して日本各地を巡る。
東洋大学で7年非常勤講師，流通経済大学で4年特任教授，現在は淑徳大学非常勤講師。
著書（共著）は『DMOのプレイス・ブランディング：観光デスティネーションのつ
くり方』。

牧野拓滋（まきの・たくじ）担当：第4章

1972年生まれ　神奈川県出身。
JPSA（日本プロサーフィン連盟）公認プロサーファー，サーフィンインストラクター。幼少より茅ヶ崎の海で波にもまれて育ち，サーフボードの種類を問わず波乗りを楽しむ。オアフ島ノースショアへはサーフィンのトレーニングに通う。茅ヶ崎のサーフショップ「フリュードパワーサーフクラフト」マネージャーとして，多くのサーファーの用具のアドバイスや，サーフィンの技術指導にあたり，また雑誌やサーフィン教本の執筆，監修などを手がけている。

木村実花（きむら・みか）担当：第5章

外国人学校教員。大学時代を台湾で過ごし，大学卒業後，すぐに帰国。金融業界を経て，現在勤務中の学校で教職に就く。学年担任，英語科教科主任，中高部教務組組長を経験。8年の教員生活を終わらせ，一般企業へ転職。そこでハワイやフラに関連する貿易，店舗管理，広報，コンサートやコンテストなどのエンターテインメント企画運営など多岐にわたる分野の業務および管理を任される。その後，フリーランスへ転向するも，2021年に入り当初勤めていた学校から呼び戻される形で再び教職についている。また，2022年には一般社団法人 Kalihi-Palama Culture & Arts Society — Japan の設立メンバーおよび理事となり，教鞭をとる傍ら，2023 Queen Liliuokalani Keiki Hula Competition & Festival — Japan を企画・開催。

長谷川久美子（はせがわ・くみこ）担当：第6章第1節，第2節，第3節

ハワイ島ヒロを拠点に，2002年より独立して植物観察やバードウォッチングなどを通してインタプリター活動を行っている（ツアー会社 Hawaii Nature Explorers）。2021年からは同じくハワイ島ヒロで，水鳥のための観光再生の活動も行っている（非営利団体 'Āina Ho'ōla Initiative）。

千葉千枝子（ちば・ちえこ）担当：第9章

淑徳大学経営学部観光経営学科　学部長　教授。
中央大学卒業後，富士銀行，シティバンク勤務を経てJTBに入社。1996年有限会社千葉千枝子事務所を設立，運輸・観光全般に関する執筆・講演，TV・ラジオ出演などジャーナリスト活動に従事する。東京都・岩手県など自治体の観光審議委員を歴任。NPO法人交流・暮らしネット理事長，中央大学の兼任講師，yahoo ニュース公式コメンテーター・オーサー。クルーズ専門誌「CRUISE Traveller」の「賢く旅するための経済学」，観光経済新聞「地域創生と観光ビジネス」を好評連載中。近著に『レジャー・リゾートビジネスの基礎知識と将来展望』（第一法規）がある。

（検印省略）

2023 年 10 月 20 日　初版発行　　　　　　　　略称―ハワイ

ハワイ読本
―日本人がハワイを好きな理由―

編著者　山口一美
発行者　塚田尚寛

発行所　東京都文京区　株式会社　創成社
　　　　春日 2 − 13 − 1

電　話 03 (3868) 3867　　　F A X 03 (5802) 6802
出版部 03 (3868) 3857　　　F A X 03 (5802) 6801
http://www.books-sosei.com　振　替 00150-9-191261

定価はカバーに表示してあります。

©2023 Kazumi Yamaguchi　　組版：ワードトップ　印刷・製本：㈱
ISBN978-4-7944-7088-1　C3026　　落丁・乱丁本はお取り替えいたします。
Printed in Japan